DIE KÜCHE DES ELSASS
Land und Menschen

Irène de Font-Verger

Die Küche des ELSASS

Land und Menschen

fotografiert von Christophe Meyer

HÄDECKE

INHALT

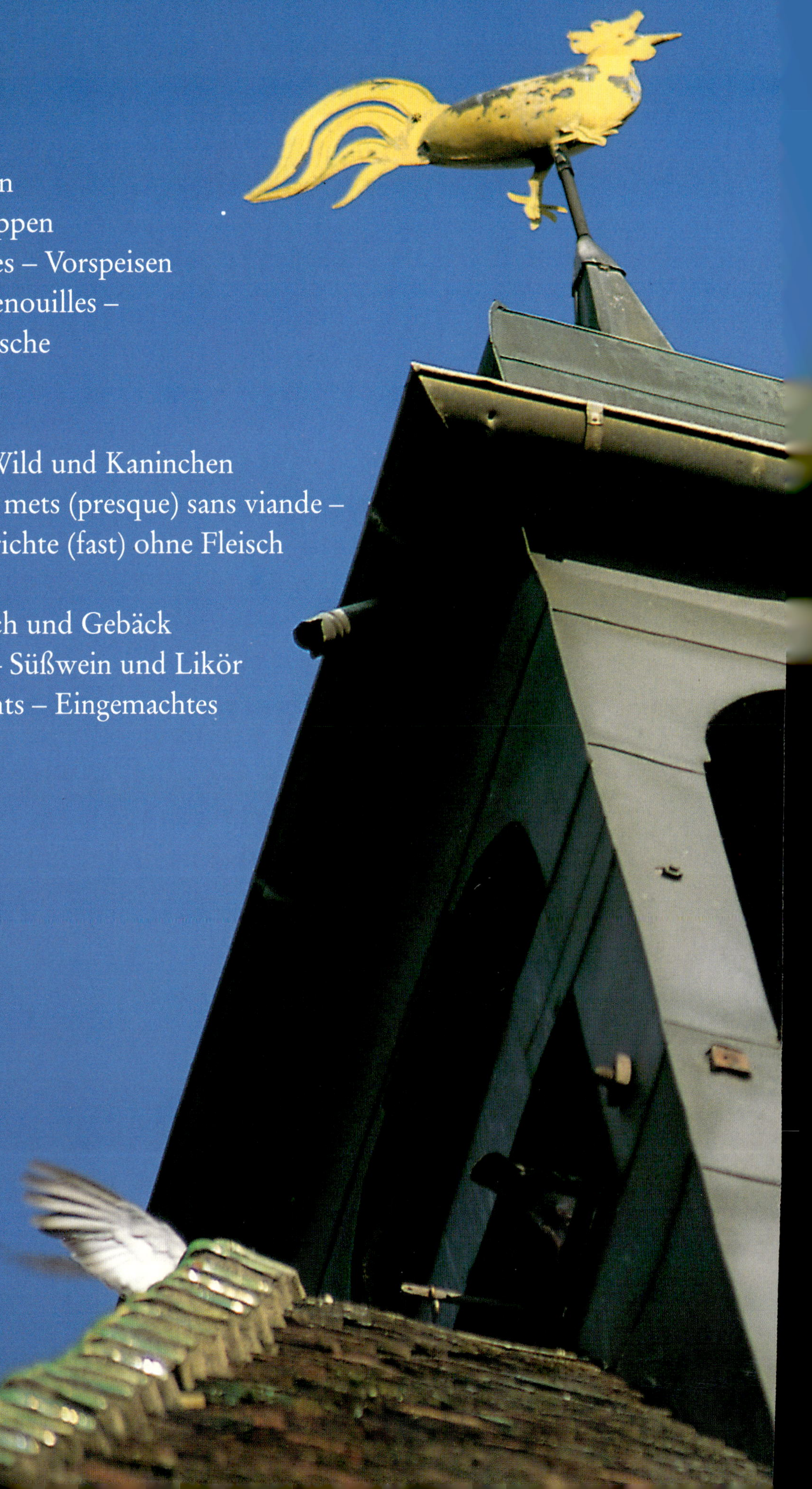

Für Marie Agathe Jeggy, meine elsässische Großmutter;
für Marie, Marthe und Anna Kuhn, meine Tanten.
Ich habe sie nicht gekannt, aber ich verwahre ihre handgeschriebenen Kochbücher.

I. de F.-V.

Dank allen kritischen, neugierigen Freunden,
die sich Zeit genommen haben, mich zu beraten und mir zu helfen
bei der Arbeit an diesem Buch.
Dank meinem Mann für seine Geduld und Hilfe.
Dank an Janine Schweyer, die mir das handgeschriebene Kochbuch
ihrer Großmutter Alice Voegtlin aus Mulhouse anvertraut hat.
Dank allen hilfsbereiten Bibliothekaren und Angestellten
der Alsatica-Abteilung
der Straßburger National- und Universitätsbibliothek.

ISBN 3-7750-0245-6

Einzelrechte an den Bildern:
Christophe Meyer, F-68230 Niedermorschwihr
Layout: Monika Graff
Satz: IBV Satz- und Datentechnik GmbH, Berlin
Reproduktionen: Repro-Technik Ruit, Ostfildern
Druck und Bindung: Mohndruck, Gütersloh
Printed in Germany 1994

Landgraviatus Alsatiae, Archives départementales du Haut-Rhin, carte N° 546,
reproduction Edith Marbach.

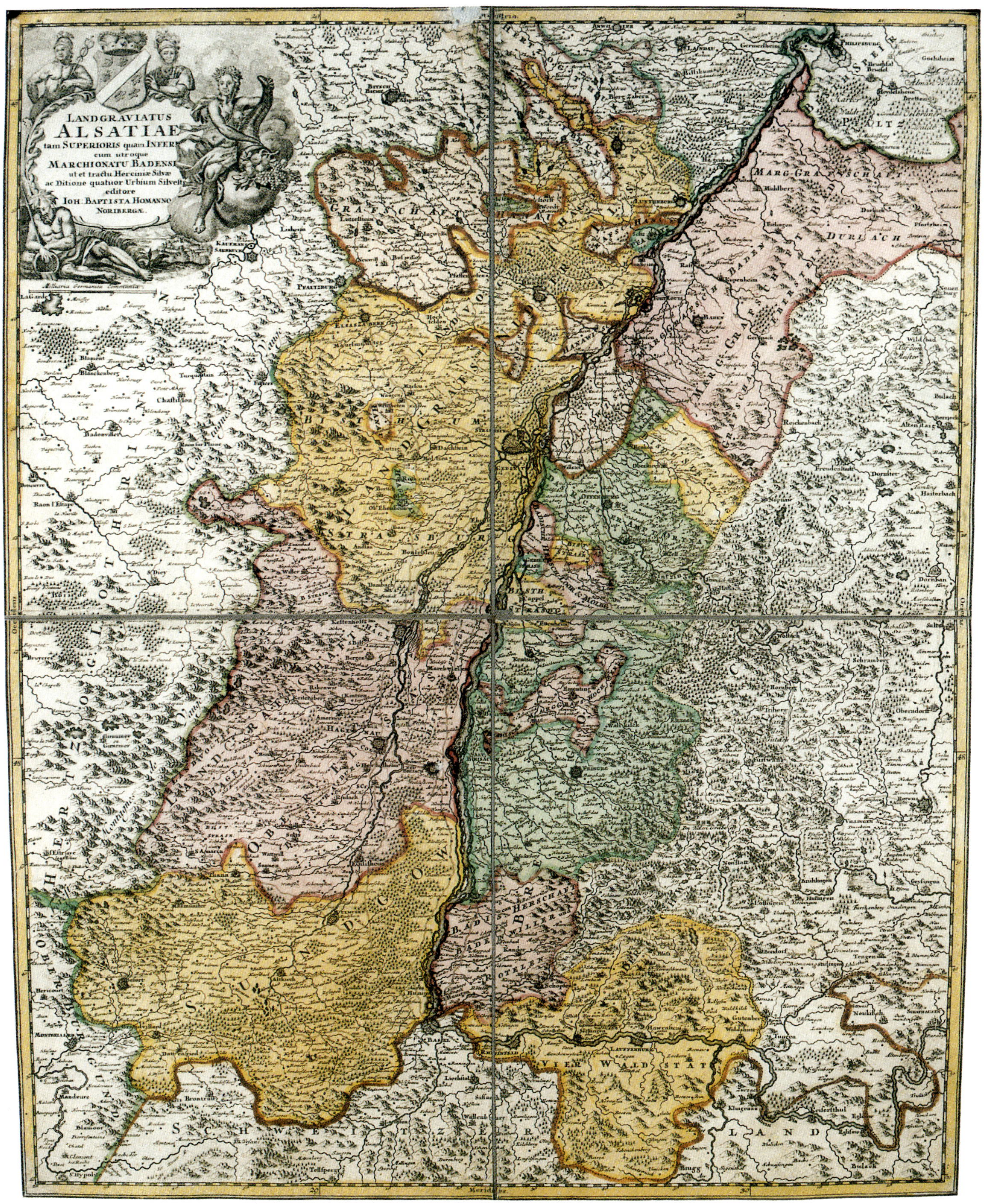
LANDGRAVIATUS
ALSATIAE
tam SUPERIORIS quam INFERI
cum utroque
MARCHIONATU BADENSI
ut et tractu Herciniæ Silvæ
ac Ditione quatuor Urbium Silvest
editore
IOH: BAPTISTA HOMANNO
NORIBERGÆ.
Milliaria Germanica Communia
MARG-GRAFSCHAFT
DURLACH
VIER WALD STAT
SCHWEITZER
LAND

Irène de Font-Verger war schon in ihrer Kindheit viersprachig: Sie ist in Straßburg geboren, sprach elsässisch und französisch, aber auch ein wenig deutsch und ein ganz klein wenig provençalisch. Nach langen Jahren des »deutschen Exils« lebt sie in Lioux in der Provence. Allerdings ist sie auch in den Schoß ihrer anderen, der elsässischen, Heimat zurückgekehrt: Seit einigen Jahren ist sie Dozentin an der Universität Straßburg. Das Elsaß hat sie erst spät lieben gelernt, aber heute spricht sie mit ihren Katzen manchmal elsässisch. Kater Casimir Mistral schwärmt für Baeckeofe.

Christophe Meyer ist ein waschechter, 1948 in Andolsheim geborener Elsässer. Unermüdlich reist er kreuz und quer durch seine Provinz, um alles, wirklich alles, was dort so passiert, mit seinem Objektiv festzuhalten. Seine Patentante ist Diakonissin, was ihn vermutlich nicht nachhaltig beeinflußt hat, aber sie ist auch eine bemerkenswerte Kräutersammlerin – und damit eine würdige Nachfolgerin des elsässischen Geistlichen Hieronymus Bock, dessen »Kreutterbüchlein« von 1539 sie gewiß vervollständigen könnte. Ihr hat Christophe es zu verdanken, daß er ein »Bouillon-blanc«-Spezialist ist. Wer's genau wissen will, muß das Schnaps-Kapitel studieren.

Die Hohkönigsburg im Hochsommer ▷

Genießer ohne Grenzen

Das Familienfest kann beginnen.

Die Szene spielt in einer elsässischen Kleinstadt, an einem Wochentag im Spätsommer. Der Hausherr »wählte eine schöne Damasttischdecke und breitete sie sorgfältig auf dem Tisch aus, dabei strich er mit einer Hand darüber, um die Falten zu glätten, und die Ecken band er in dicken Knoten zusammen, damit sie nicht über die Holzdielen fegten. All dies tat er langsam, ernst und mit Liebe. Danach nahm er einen Stapel flacher Teller und stellte sie auf den Kamin, dann dazu einen weiteren Stapel tiefer Teller. Das gleiche tat er mit einem Tablett voller Kristallgläser, die in großen Facetten geschliffen waren, schwere Gläser, in denen der Rotwein dunkel wie Rubin funkelt und der Weißwein wie Topas. Schließlich ordnete er die Gedecke auf dem Tisch, regelmäßig, eines dem anderen gegenüber. Die Servietten dekorierte er sorgfältig darauf, schiffchen- und bischofsmützenförmig, dabei stellte er sich mal rechts, mal links, um die Symmetrie zu beurteilen.
Während er dieser Beschäftigung nachging, lag auf seinem breiten, freundlichen Gesicht der Ausdruck einer unbeschreiblichen inneren Sammlung...
Der wunderbare Duft der Krebssuppe erfüllte bereits das Haus.«
Der Hausherr ist ein wohlhabender Junggeselle. Er hat gute Freunde, die seine Lebensauffassung teilen und mit

denen er es sich gerne gutgehen läßt. Jede Gelegenheit ist willkommen, mit ihnen ein wohlzubereitetes Mahl zu teilen und einige gute Flaschen Wein zu genießen. Eine solche Gelegenheit hat er an diesem Spätsommervormittag wahrgenommen, hat spontan drei seiner Freunde eingeladen und seine Köchin schnell auf den Markt geschickt. Unter anderem hat sie »zwei Haselhühner, einen prächtigen Hecht, kleine Forellen zum Backen und eine wundervolle Gänseleberpastete« mitgebracht.

Inzwischen ist der Hausherr in seinen Weinkeller gestiegen, in dem eine geradezu penible Ordnung herrscht. Dort liegen zahlreiche Flaschen, schön sorgfältig in Regalen geordnet. Schon sein Großvater hatte damit begonnen, die besten Weine zu lagern. Sechzig Jahrgänge sind vertreten, keine einzige Lücke verunstaltet die edle Sammlung. »Das Licht, das durch die drei schmalen Kellerfenster hereinfiel, brach sich auf den Latten der Regale und ließ die Flaschenböden malerisch funkeln.« Er ist stolz darauf, daß er die Familientradition gewahrt hat und daß er seinen Freunden etwas vom Besten wird bieten können.

Bedächtig schreitet er seinen Keller ab und wählt nun sorgfältig sechs Flaschen alten Rotwein – er entscheidet sich für Bordeaux – und drei Flaschen Weißwein, eine vierte greift er noch nachträglich, es soll nicht gespart werden, und man wird ja zu viert speisen.

Soweit das Vorspiel.

»Gibt es etwas Angenehmeres in dieser Welt, als sich mit drei oder vier alten Kameraden an einen wohlgedeckten Tisch zu setzen, im alten Eßzimmer seiner Vorfahren, sich mit Ernst die Serviette um den Hals zu binden, die Kelle in eine wunderbare, duftende Krebsschwanzsuppe zu tauchen und die Teller weiterzureichen mit den Worten: ›Probiert das mal, Freunde, ihr werdet schon sehen, wie euch das schmeckt!‹...

Und wenn man dann das große Messer mit dem Horngriff in die Hand nimmt, um Scheiben von der zarten Keule abzuschneiden, oder das silberne Vorlegemesser, um vorsichtig der Länge nach einen prächtigen Hecht in Gelee auseinanderzunehmen, dessen Maul voller Petersilie steckt, wie andächtig einem dann die anderen zuschauen!

Und wenn man dann aus dem Weinkühler hinter seinem Stuhl eine neue Flasche greift und sie zwischen die Knie klemmt, um sie sanft zu entkorken, wie sie dann alle lächeln beim Gedanken: ›Und was kommt jetzt?‹

Ach, ich sage es euch, es ist eine große Freude, seine alten Freunde so zu behandeln und sich zu sagen: ›Das wird von Jahr zu Jahr so weitergehen, bis der Herrgott uns ein Zeichen gibt, wir sollen kommen, und wir dann in Frieden im Schoße Abrahams ruhen.‹

Und wenn sich die Gesichter bei der fünften oder sechsten Flasche beleben..., dann wird die Sache erst richtig erfreulich, dann ist es das Paradies, das echte Paradies auf Erden!«

Die Szene spielte sich – wenn meine Rechnung stimmt – im Jahre 1841 ab. Wenn ich aber die Augen schließe und an meine elsässische Kindheit zurückdenke, dann könnten diese Männer auch meine Onkel und Taufpaten gewesen sein. An die geröteten Gesichter, an die klingenden Weingläser, an die lange, zeremoniöse Strecke bis zum Dessert, das mich natürlich am meisten interessierte, erinnere ich mich sehr gut. Allerdings gibt es in der zweiten Hälfte des zwanzigsten Jahrhunderts im Elsaß sicherlich kaum noch Menschen, die Zeit haben, am helllichten Werktag solche Festessen aus dem Ärmel zu schütteln. Aber die Szene könnte man sehr wohl auf ein Wochenende der heutigen Zeit verlegen, und sie würde sich ziemlich ähnlich abspielen. Ein weiterer Hinweis auf das 19. Jahrhundert ist freilich, daß die Hauptfigur der Geschichte für vier Personen zehn (!) Flaschen Wein bereithält, sechs Flaschen Bordeaux (die auch ich möglicherweise dem »Oberottrotter Roten« vorziehen würde) und vier Flaschen… »Rüdesheimer«. Keinen Hauswein, keinen »Sonnenberg«, aber auch keinen anderen Elsässer Wein serviert der Hausherr seinen Gästen. Rheinwein galt damals, als der elsässische Weinbau schon deutlich darniederlag, als ein viel edleres Getränk. Dies wäre heute ganz sicher umgekehrt. Aber alles andere, was die Stimmung des gastronomischen Ereignisses betrifft, wäre ähnlich.

Mit dieser Kostprobe aus *L'ami Fritz*, dem bekanntesten Roman des elsässischen Schriftstellerpaares Erckmann und Chatrian, soll zu Beginn dieses Buches die gastronomisch geprägte Atmosphäre angedeutet werden, in der man damals im Elsaß lebte. Der Elsässer des 19. Jahrhunderts ißt und trinkt gern, er legt Wert auf gepflegtes, aber auch üppiges Speisen, er nimmt sich Zeit, um seine Genußlust zu befriedigen, er ist gesellig und sinnenfreudig.

»Sag mir, was du ißt, und ich sage dir, wer du bist«, lautet einer der bekanntesten Aphorismen von Brillat-Savarin. Betrachtet man die im Laufe der Jahrhunderte überaus zahlreichen Äußerungen zum Thema Essen und Trinken im Elsaß, kann man durchaus zu diesem Schluß kommen. Der Typus des »Hans im Schnokeloch« – »un was er will, des het er net, un was er het, des will er net…« –, des ewigen Nörglers und Miesepeters, scheint hier, entgegen den Andeutungen des Volksliedes, eher die Ausnahme zu sein.

Schon im hohen Mittelalter – wovon allerdings nur die höfischen Tischsitten bezeugt und belegt sind – liebte man in diesem Landstrich die Freuden des Gaumens. Über die Gepflogenheiten im 15. und 16. Jahrhundert werden wir vor allem von elsässischen Geistlichen aufgeklärt, die gegen die Unmäßigkeit, die Freß- und die Trunksucht ihrer Landsleute und Gemeindeschäfchen wettern. Der Schlettstadter Theologe und Humanist Wimpheling schildert, wie sich die Bevölkerung von Straßburg jedes Jahr am 29. August im Münster versammelt: nicht etwa, um am Kirchweihtag zu beten und den Herrn zu loben und zu preisen, sondern um an gigantischen Gelagen teilzunehmen. Der Hauptaltar wurde zu einem überdimensionalen Büffet umgestaltet, und in der Katharinenkapelle wurde ein riesiges Weinfaß aufgestellt. Erst dem Münsterprediger Geiler von Kaysersberg (von dem in diesem Buch noch mehrfach die Rede sein wird) wird es gelingen, solche Völlerei allmählich einzudämmen. Das Volk hat allerdings nachahmenswürdige Vorbilder: der Klerus selbst scheint sich seiner Sinnenfreude auch nicht zu

Eugène Noack: D'r Hans im Schnokeloch (mit freundlicher Genehmigung von Madame Germaine Noack)

schämen. Es gibt Berichte darüber, daß die amtierenden Priester die Kirche während des Gottesdienstes kurzfristig verlassen, um Essenseinkäufe auf dem Markt zu tätigen. Auch der Deutsche Ritterorden, der im Elsaß mehrere Niederlassungen unterhält, steht im Ruf, leibliche Genüsse nicht zu verachten.

»Kleid aus, Kleid an, essen, trinken, schlafen gan,
Ist die Arbeit so die deutschen Herren han«,

heißt es im Volksmund.
Daß sich das gemeine Volk an den angenehmen Lebensgewohnheiten des Adels und der Geistlichkeit orientiert und sie sich nach Möglichkeit aneignet, steht außer Zweifel. Eine verhältnismäßig lang anhaltende wirtschaftliche Blütezeit scheint dies begünstigt zu haben. Die Fressereien gehören im 15. Jahrhundert offenbar so sehr zum Alltag, daß Charles Gérard sich (in seiner bemerkenswerten Studie *L'ancienne Alsace à table* von 1862) die Bemerkung erlaubte, sie hätten gewiß den Nationalcharakter geprägt.
Nachzuprüfen ist dies alles in den Predigten des Geiler von Kaysersberg, in den satirischen Schriften von Thomas Murner und Johann Fischart, und nicht zuletzt in Sebastian Brants *Narrenschiff*. Dessen bösartiges, unnachsichtiges 16. Kapitel »Vom Füllen und Prassen« läßt keinen Zweifel zu: die elsässische Gesellschaft, Adel, Bürgertum und Bauernstand, zeichnete sich damals durch eine unbeschreibliche Freßlust aus.
Geilers Freund Peter Schott erklärt über Straßburg und die Straßburger: »Ubi est amplior epulis atque armis locus quam litteris« – »Viel bedeutsamer als ihre Liebe zur Wissenschaft und Kunst ist ihre Vorliebe für gutes Essen und Militärisches.«
Auch Montaigne bestätigt dieses Bild, als er 1580 anläßlich einer großen Europareise über die Elsässer berichtet: »In dieser Gegend haben sie prachtvolle Schenken und Wirtshäuser,... aber sie sorgen sich mehr um ihre Mahlzeiten als um das übrige... Sie sind hervorragende Köche, insbesondere für Fisch... Bis zu sechs- oder siebenmal gibt es neue Gerichte, immer zwei und zwei... Die einfachsten Mahlzeiten dauern drei oder vier Stunden, wegen der Länge des Auftragens. Und in Wirklichkeit essen sie auch viel weniger hastig als wir und gesünder. Sie haben eine große Vielzahl an Speisen aus Fleisch und Fisch und decken ihre Tafeln sehr prachtvoll.«
Anläßlich einer Reise, die den Herzog von Rohan im Jahre 1600 ins Elsaß führt, fällt auch ihm »in der sonderbaren Ordnung dieses Volksstaates« (der Freien Reichsstadt Straßburg) auf, daß die Bevölkerung einen unbändigen Hang zu den Tafelfreuden hat. Aber er läßt sich gerne verwöhnen: »Was ich dort am meisten geschätzt habe, das war das gute Essen, mit dem man mich empfangen hat.«
Diese ausufernde Sinnenfreude scheint auch allen Widrigkeiten der Geschichte standzuhalten. Oder aber die Bevölkerung hat, etwa nach den langen Entbehrungen des Dreißigjährigen Krieges, das Bedürfnis, Versäumtes nachzuholen. Die französischen Stimmen, die sich nach dem Westfälischen Frieden erheben, bzw. nach 1681, als Ludwig XIV. das Elsaß endgültig, nun auch einschließlich der ehemals freien Reichsstadt Straßburg, an sein Reich angeschlossen hat, bestätigen dies jedenfalls allesamt. In seinem *Mémoire sur l'Alsace pour l'instruction du Duc de Bourgogne (Abhandlung über das Elsaß zum Zwecke der Erziehung des Herzogs von Burgund)* schreibt der Königliche Intendant de la Grange 1697:
»...die Pfaffen lieben dort ganz selbstverständlich den Wein und die Gesell-

Der kostbare Inhalt wird wohl gehütet. Alter elsässischer Faßriegel.

schaften, und da dies bei den deutschen Priestern und Geistlichen eine Gewohnheit ist, die die Zustimmung der Bevölkerung hat, kann man nicht hoffen, sie von dieser schlechten Neigung abzubringen.« Aber »auch der Adel liebt die Freude und gibt sich Ausschweifungen hin«, also kann man es dem Volk nicht übelnehmen, wenn es diesen Beispielen folgt: »Solche Leute neigen sehr zur Lebensfreude und sie lieben allzu sehr den Wein, so daß man nicht vermeiden kann zu sagen, daß dies eines ihrer größten Laster ist; alles, was sie wollen, ist angenehm leben.«

Der bösartigste Verriß über die Elsässer und ihre Tischsitten stammt von einem Pariser Arzt, der im Zentralstaat des ausgehenden 17. Jahrhunderts offenbar als Königlicher Medizinalrat in die Provinz geschickt wurde. Maugue hat der Nachwelt eine *Histoire naturelle d'Alsace* hinterlassen, die an Boshaftigkeit und vernichtenden Urteilen ihresgleichen sucht. »Die Nahrungsmittel haben die Eigenschaften des Klimas, in dem sie wachsen; im Elsaß sind sie grob und schleimig. Sie bestehen aus Spinat, roten Rüben, rohen und gekochten Speiserüben, Saubohnen, Erbsen, Chneits*, Reis, Graupen, und allerlei Kraut... *Die Elsässer haben nichts übrig für gutes Essen.* Ihr Fleisch ist schlecht zubereitet, ihren Ragouts fehlt jegliche Feinheit, ihre Braten sind trokken. Sie essen wenig Fleisch. Sie kochen eine Suppe aus einem oder zwei Pfund Rindfleisch, das einige Zeit in einem Topf voll kochendem Wasser herumschwimmt; es werden keine Kräuter mitgekocht. Man begnügt sich damit, sie auf die Brotscheiben zu streuen, wenn man die Brühe darübergießt. Sie essen wenig gutes Fleisch, dafür viel schlechtes... Sie

* chneits: Maugue, der kein elsässisch verstand, meinte damit vermutlich die »Schnitzen«, die man im Elsaß bis heute im Winter gerne als Nachtisch oder als Beilage zu Mehlspeisen ißt; Schnitzen sind Scheiben von Dörrobst, meist von Birnen

mögen den Braten, wenn er äußerst trokken ist; gewöhnlich ist er fast kalt, wenn er auf den Tisch kommt, weil es die Sitte ist, ihn in das Vorzimmer zu tragen, während man Salat ißt, der als erstes und allein serviert wird... *Was kann eine Lebensart wie die der Elsässer als Folge hervorrufen, außer grobes, dickflüssiges, kaltes, fauliges, träges Blut?*«

Zwar wurden die Elsässer von den Theologen ihrer Zügellosigkeit wegen verdammt, aber meines Wissens ist Maugue der einzige, der ihnen einen eindeutig schlechten Geschmack in Sachen Essen und Trinken nachweisen möchte. Man darf jedoch nicht übersehen, daß sich zu jener Zeit der französische Einfluß im Elsaß noch nicht ausgewirkt haben konnte. Die nationale Zugehörigkeit der Elsässer zu Frankreich ist noch ganz jung, und vermutlich war für einen Franzosen des 17. Jahrhunderts die Akzeptanz von anderen, fremdartigen Lebensgewohnheiten noch schwieriger als für den von heute. Meine Landsleute sind, wie man weiß, beileibe keine Weltmeister, wenn es darum geht, sich anzupassen, weder in sprachlicher noch in sonstiger Hinsicht.

Die hohen Beamten, die fortan ihr Amt im Elsaß ausüben müssen, bringen ihre Köche – »französische Köche« – mit. Interessant und einer besonderen Studie wert scheint mir in Sachen Küche die Entwicklung im Laufe des 18. Jahrhunderts. Ganz allmählich kommt ein französischer Einfluß zum Tragen, aber ohne jemals die elsässisch-alemannische Tradition ganz und gar abzulösen. Die elsässische Küche wird subtiler, auch die von Maugue so kritisch beurteilte Zubereitung von Fleisch und Saucen verfeinert sich, aber nicht auf Kosten der Eigenständigkeit und der regionalen Bräuche. Kreationen wie – kurz vor der französischen Revolution – die Straßburger Gänseleberpastete sind unverkennbar dem französischen Einfluß zuzuschreiben. Sie zeugen aber auch von einer gelungenen Symbiose zwischen Bodenständigkeit und Neuem. Selbst wenn Grafenauer bereits 1816 erklärt: »Viele Straßburger haben seit langem die französische Küche übernommen« (die Entwicklung in den Städten ist notwendig eine raschere, den Moden stärker verschriebene), bleibt die »kulinarische Identität« dieses Landstriches unangetastet.

Hundert Jahre nach dem Anschluß an Frankreich schreibt der Prälat Grandidier, der gerade sein Amt in Straßburg angetreten hat, an einen befreundeten Kollegen: »Sie werden in den Klöstern dieser Provinz wenig Gelehrsamkeit und kaum Bibliotheken finden, dafür aber Fröhlichkeit und guten Wein!« Aber nicht nur der Klerus, auch das Volk scheint an seinen guten alten Sitten zu hängen. 1793, als der Terror der Revolution seinen Höhepunkt erreicht, schreibt La Vallée in seinem Bericht über die Elsässer *(Voyage dans les département de la France. Haut-Rhin)*: »Zwar lieben sie die Arbeit, nicht aber die Enthaltsamkeit, die üblicherweise damit einhergeht. Sie geben sich allzu leicht der Trunkenheit hin.« Dies erklärt er damit, daß die Elsässer so fröhlich sind, daß sie leidenschaftlich gerne tanzen – und wer tanzt, dem wird warm, und wem warm wird, der muß trinken.

Mit diesem kurzen Rückblick auf die Geschichte des Elsaß wollte ich daran erinnern, daß die sprichwörtlich gute, weltweit gerühmte und bekannte Küche dieser Gegend verschiedene Wurzeln hat, die sich auf glückliche Weise verbunden und vermischt haben.

Daß auch sie ein Spiegel all der geschichtlichen Wechselfälle dieses Landstrichs ist oder war, läßt sich am Beispiel meiner Großmutter hervorragend dokumentieren. Marie Jeggy war 1869 als Französin in Bantzenheim geboren worden, 1871 wurde sie Deutsche und heiratete vor der Jahrhundertwende einen Elsässer, der ein preußisches Amt bekleidete. 1918 – inzwischen hatte sie fünf Kinder in die elsässische Welt gesetzt – wurde sie wieder Französin, 1940 konnte sie der erneute Wandel nicht mehr erschüttern, und 1946, nachdem man ihr zum vierten Mal eine neue Staatsangehörigkeit übergestülpt hatte, starb sie an Erschöpfung und Altersschwäche. Die Kontinuität, die ihr Leben prägte, konnte unter diesen Umständen nur die Familie sein, wie auch das Gefühl, daß äußere Umstände – von ihr nicht beeinflußbar – als Fatalität hingenommen werden mußten. Diese Lebenserfahrungen wurden ergänzt durch das Bewußtsein, daß der Rückzug auf den Kern der Dinge, nämlich auf die Familie, für alle Beteiligten so angenehm wie möglich gestaltet werden sollte: die leiblichen Bedürfnisse sollten nicht nur befriedigt werden, sondern sich auch mit einem gesunden, nicht übertriebenen Maß an Genuß verbinden.

Sowohl ihr handgeschriebenes Kochbuch als auch andere, die ich aus dieser Zeit bei der Vorbereitung dieses Buches zur Verfügung hatte, sind ergreifende Zeugnisse dafür, wie sehr man in diesem Land – das so lange Jahrhunderte schon Spielball politischer Ambitionen gewesen war – gelernt hat, sich mit allen Gegebenheiten zu arrangieren.

Rezeptesammlungen wie die von Marie Jeggy, von Marthe Kuhn oder von Alice Voegtlin sind selten genau datierbar, aber die Rezepte an sich sind Zeugen der Geschichte: Begonnen wurden sie um die Jahrhundertwende, und man findet zunächst alle klassischen bürgerlichen Rezepte der elsässischen Küche. Wenn im Laufe der Zeit die Fleisch-, Geflügel- und Wildrezepte immer seltener werden, wenn die einfachen Mehlspeisen sich mehren und schließlich viele Varianten von »Kriegskuchen« und »Kriegssuppen« auftauchen, wird deutlich, an welcher Front für die elsässische Hausfrau und Mutter der Kampf zu führen war. Wenn dann allmählich die Eintragungen wieder von gehaltvolleren Gerichten zeugen und darin kulminieren, daß drei oder vier unterschiedliche Rezepte von Gänseleberpastete angeführt werden, ist klar, daß es der Familie besser geht – daß nicht nur der Erste Weltkrieg, sondern wohl auch bereits die Weltwirtschaftskrise überwunden sind und daß man sich gelegentlich schon wieder in großartige sinnliche Genüsse stürzt. Inzwischen ist auch die Sprache bunt gemischt. Rezepte in deutscher Sprache werden seltener, immer häufiger werden sie auf französisch niedergeschrieben. Manchmal sogar, in Momenten des Frohsinns oder Übermuts – so scheint es mir jedenfalls – taucht Elsässisches auf, und manchmal wiederum ist der Leser mit herzerfrischenden Sprachschöpfungen konfrontiert, die er nur entziffern kann, wenn er ein echter Elsässer ist, und die davon zeugen, daß in diesem Land so vieles gleitend ist, sich gegenseitig befruchtet, sich gelegentlich auch gegenseitig stört – kurz, daß Grenzen oft nicht da angesiedelt sind, wo man sie wähnt.

Es waren die traditionellen Wertvorstellungen der bürgerlichen Gesellschaft, gegen die sich die achtundsechziger Generation – zu der ich zähle – auflehnte. Die Familie als solche, ihre vermeintlich unverrückbaren Werte, alles, was dem Bürgertum hoch und heilig war, stand im Mittelpunkt der Angriffe. Die bürgerliche Lebensweise war per se hassenswert, um so mehr noch das Familienleben mit allen damit verbundenen Ritualen. Also war auch das Ritual der Ernährung massiven Attacken ausgesetzt, und es ist kein

Straßburg – La Petite France ▷

Der Schutzengel des Schokoladenkünstlers Christian (Trompe-l'œil-Malerei)

Zufall, daß die Welle der Selbstbedienungsrestaurants und ähnlicher »Kulturstätten« gerade zu diesem Zeitpunkt einen Riesenaufschwung erlebte, im Elsaß wie auch anderswo.

Dennoch erinnere ich mich, sogar mit einer gewissen Rührung, an bestimmte Vorlesungen über deutsche Philologie, in denen damals von so trivialen Dingen wie vom Essen und Trinken die Rede war. Jawohl, vom Essen und Trinken. Ich war durchaus keine Musterstudentin und hatte ein für allemal erklärt, daß Philologie mich langweile. Vermutlich galt das für den größten Teil der Population des Hörsaals Nr. 4 der Straßburger Geisteswissenschaften. Mein verehrter Professor Jean Charier, einer der überschäumendsten Geister, die mir je begegnet sind, hatte »das Rezept« entdeckt, um seine Studenten aus ihrer larvenhaften Schläfrigkeit wachzurütteln. Er weckte unser Interesse für Philologie und Sprachgeschichte, indem er unser Engagement für Geschichte, für die Geschichte des ganz schlichten Alltags ansprach. So kam es, daß er uns von der Bedeutung der Ernährung im Mittelalter und vom relativen Wert der einzelnen Nahrungsmittel im 12. oder im 14. Jahrhundert erzählte. Die Rechnung war ungeheuer spannend und dabei so einfach: Es ging darum, den Wert etwa eines Pfundes Butter, eines Huhns, eines Schweins oder einer Kuh zu berechnen, indem als Gegenwert… Käse eingesetzt wurde. Die spannende Frage war nun zu klären, ob die Maßeinheit in diesem System, der Handkäs nämlich, im Elsaß eher die Größe eines Münsterkäses oder eines Picodons besaß… Ich hatte wunderbare Lehrer! Sie haben mich nicht zur begnadeten Germanistin gemacht, aber sie haben mich zur Neugier erzogen – und diese Neugier schließt auch die Kunst des Kochens und des Essens ein.

Apropos Neugier!

Kürzlich wollte ich mir etwas Gutes tun und mich zur Abendstunde in das neueste Buch des Gastro-Philosophen und -Historikers Jean Ferniot vertiefen. Ich erschrak, als ich las: »Die Krise unserer Zivilisation ist in unseren Tellern«. Anknüpfend an Brillat-Savarins Aphorismus, »Sag mir, was du ißt, und ich sage dir, wer du bist«, meinte Ferniot, wir Menschen des ausgehenden 20. Jahrhun-

derts wüßten nicht mehr, was wir essen...
Sind wir denn wirklich so verdorben durch Junk-food, Supermarkt-Eintönigkeit und McDonald-Einheitsfraß? Sind wir *Elsässer* es? Ich muß gestehen, daß auch mich manchmal Zweifel packen. Als ich neulich spätabends, nach einem viel zu langen Arbeitstag, mit einem Kollegen in der Straßburger Innenstadt noch etwas essen wollte und nach längerem Umherirren schließlich in einem als »Winstub« ausgewiesenen Lokal landete, mußte mein unverbesserlicher Optimismus (der zumindest in kulinarischen Dingen bisher ungebrochen ist) eine Zerreißprobe bestehen. Die Atmosphäre des Lokals, die miese, aufgesetzte, pseudoelsässische Innenausstattung des Raumes, der unfreundliche Service von übermüdeten Nicht-Profis, die katastrophale Qualität der Gerichte mit elsässischem Namen, all das rangierte unter allem, was man in einem Fast-food-Restaurant der schlimmsten Sorte erwarten kann. Die idyllische Vision des »wunderbaren Gartens« – ein Zitat, angeblich von Ludwig XIV., in manchen Büchern auch Ludwig XV. zugeschrieben, das allen elsässischen Schulkindern auch heute noch im Heimatkundeunterricht eingebläut wird – wollte sich in meiner Phantasie auf der Stelle ins apokalyptische wandeln. In welchen Auen konnten der lahme Salat und die Zwiebeln gewachsen sein, deren leicht angetrocknete Ringe meinen Teller schmücken sollten? Auf welchen Almen mochten die Kühe gegrast haben, deren Käse seine armselige Schrumpeligkeit zur Schau trug? Auf welchen kargen, verkarsteten Hügeln mochte der Wein gereift sein, der da als Möchtegern-Sylvaner in meinem Glas seinen trüben Schimmer von sich gab?
Nein, das war das Elsaß nicht, dieses von der Natur so verwöhnte Land, das noch immer mit verschwenderischer Großzügigkeit von allem und vom besten gibt. Ich gab mir einen Ruck und beschloß, mich dennoch nicht niederdrücken zu lassen. Jawohl, Jean Ferniot hat recht: in *solchen* Tellern, in *solchen* Schüsseln, in *solchen* Gläsern macht sich die Krise unserer Zivilisation bemerkbar. Aber es gibt auch eine Widerstandsbewegung, und diese Résistance kämpft keineswegs nur im Verborgenen, ihre Streiter findet man auf dem offenen Markt, manchmal im wahrhaften Sinne des Wortes. Fast food – nicht mit uns, scheint ihr Lächeln zu sagen. Nein, sollte es eine begnadete Landschaft geben, in der die Krise keine Chance hat, uns alle zu entmutigen, dann ist es das Elsaß.

Am Stammtisch in Lampertheim

Anderntags suchte ich eine andere, eine echte Winstub auf und wußte, das Erlebnis am Vortag war nur ein Alptraum, eine krasse Ausnahme gewesen. Am übernächsten Tag ging ich auf den Markt, kaufte alles, was man zu einem Baeckeofe braucht, rief meinen Verleger an, er sollte doch schnell ins Elsaß kommen mit viel Appetit und einem fertigen Vertrag für dieses Buch. Ich glaube, der Baeckeofe war sehr gut.

Maisfeld im Frühling ▷

Soupes et potages

Suppen

Suppen in vielfältigen Varianten sind bis heute im Elsaß sehr beliebt. Sie haben dem französischen Einfluß, der vor allem im 18. Jahrhundert in der elsässischen Küche spürbar wurde, standgehalten. Nicht nur abends, sondern auch mittags wird Suppe gegessen, auf dem Land oft auch schon in der Früh oder als Zwischenmahlzeit zur Weinlese oder Erntezeit. Die Rezepte, die ich hier vorschlage, werden zum größten Teil, wenn auch oft in etwas anderer Form (ohne Crème fraîche natürlich!) schon in den ältesten elsässischen Kochbüchern erwähnt. So aßen die Mönche des Klosters zu Lützel im 17. Jahrhundert gebrannte Mehlsuppe, vermutlich vorwiegend in der Fastenzeit.
Überhaupt waren Suppen – auch noch in meiner Kindheit – in katholischen Dörfern und Haushalten ein beliebtes Freitagessen. Nach Aussage meiner Verwandten machte meine Großmutter Marie am Freitag gerne eine dicke »Hartaepfelsupp«, danach gab es häufig »Griaspflütta« mit Kompott. Erbsen- oder Linsensuppe aß man am Freitag ohne Speck und ohne Wurst, um nicht gegen das Fastengebot zu verstoßen.
Vielleicht sollte auch noch der alte Brauch der Hochzeitssuppe erwähnt werden. Die in ländlichen Gegenden übliche Morgensuppe gab es auch am Hochzeitsmorgen, nur daß die Brautleute sie vor der Trauung aus einem gemeinsamen Teller und mit einem gemeinsamen Löffel aßen. Was dies zu bedeuten hatte, ist nicht schwer nachzuvollziehen: Der Brauch scheint mir so liebenswert, daß ich ihn allen Heiratswilligen ans Herz legen möchte.

◁ »Besser a Lüs im Krüt as gar ke Fleisch ...«

Riewelasupp/Riewelesupp
Riebele-Suppe

Für 8 Personen:
125 Gramm Mehl
2 Eier
Pfeffer, Salz, Muskat
1/8 Liter Crème fraîche
2 Liter Fleischbrüche

Der Name dieses Gerichts hat mit dem Wort »reiben« – elsässisch »riewe« – zu tun, und zwar sind »Riewele« auf der Handfläche geriebene, zwei bis drei cm lange, etwa 2 mm dicke »Teigwürmchen«.
In einer Teigschüssel Mehl und Eier vermengen. Mit Pfeffer, Salz und geriebener Muskatnuß würzen. Den Teig von Hand kneten – die Teigmasse muß ziemlich fest sein. Nun werden die »Würmchen« gerieben. (Man nehme sich ein Beispiel an jenen kleinen Kindern, deren Lieblingsbeschäftigung das Spielen mit Knetmasse ist: Wenn die Knetmasse an den Fingern klebt, reiben sie sich die Hände frei, und dabei entstehen präzise »Riewele«.)
Die Fleischbrühe wird nun zum Kochen gebracht und die Riewele je nach Größe 5 bis 10 Minuten darin gekocht. Zum Schluß Crème fraîche unterrühren, heiß servieren.
Als Pommes frites und Ketchup noch nicht zu den Rennern gehörten, zählte diese Suppe zu den Lieblingsgerichten der Kinder. Wenn ich mir ausnahmsweise – weil ich Geburtstag hatte oder krank war – eine Speise aussuchen durfte, bat ich um »Riewelesupp« und Nudelauflauf.

Sürampfersupp
Sauerampfersuppe

Für 4 Personen:
150 Gramm Sauerampferblätter
75 Gramm Butter
2–3 Eßlöffel Mehl
1,5 Liter Wasser
Salz, Pfeffer
4 Eßlöffel Crème fraîche

Den Sauerampfer kleinhacken. Die Butter in einem großen Topf langsam zergehen lassen. Das Mehl wie für eine Béchamelsauce vorsichtig einrühren. Den Sauerampfer hinzugeben und mit Wasser übergießen. Salzen und pfeffern. Zum Kochen bringen, die Hitze zurücknehmen und die Suppe etwa eine Viertelstunde köcheln. Zum Schluß die Crème fraîche einrühren.
Wer's mag, kann vor dem Servieren etwas Käse darüber reiben.

Catys Sürampfersupp

Gebrenndi Mehlsupp
Gebrannte Mehlsuppe

Für 4 Personen:
4 gehäufte Eßlöffel Mehl
2 Liter Wasser
Salz
50 Gramm Butter

Das Mehl in einen gußeisernen Topf geben und bei kleiner Hitze unter ständigem Rühren rösten. Wenn das Mehl hellbraun ist, ganz langsam das kalte Wasser darübergießen. Dabei weiterhin kräftig rühren, salzen. Zum Kochen bringen und etwa 15 Minuten köcheln lassen. Zum Schluß die Butter hineingeben und heiß servieren.
Diese Suppe eignet sich wunderbar als Krankenkost. Wer sich den Magen verdorben oder gar zu üppig geschlemmt hat, wird davon auf der Stelle wieder gesund! Und wer sowieso gesund ist, kann auch geröstete Speckwürfel hineingeben.

Zewelsupp
Gratinierte Zwiebelsuppe

An der Frage, woher die »Zewelsupp« kommt, scheinen sich die (elsässischen) Geister zu scheiden. Kommt sie aus Paris? Aus der Schweiz? Aus dem Badischen? Oder ist sie gar echt elsässisch? Wie dem auch sei: sie ist das Gericht der Nachteulen und soll sogar zu besserer Verdauung verhelfen. Daran freilich mag man seine Zweifel haben... Ich meine, sie stillt eher brüllenden Hunger. In meiner Studentenzeit gab es sie, wenn man denn allzu sehr versumpft war, um sechs Uhr früh nur noch im Buffet de la Gare – in Straßburg, versteht sich. Aber die von Tante Hanni in der Silvesternacht schmeckte viel besser.

Für 8 Personen:
4 dicke Gemüsezwiebeln
100 Gramm Butter
2 Eßlöfel Mehl
2 Liter Fleischbrühe
Pfeffer, Salz
1 Baguette
150 Gramm Emmentaler, gerieben

Zwiebeln hacken und in Butter andünsten. Mit dem Mehl bestreuen und wenige Minuten unter ständigem Rühren weiterdünsten. Mit Fleischbrühe übergießen, abschmecken und bei kleiner Flamme eine halbe Stunde kochen.
Inzwischen das Baguette aufschneiden, die Scheiben im Ofen rösten. Die Suppe in eine feuerfeste Terrine geben, das geröstete Brot vorsichtig auf die Suppe legen, mit dem geriebenen Käse bestreuen und im sehr heißen Ofen überbacken.
Die Suppe muß glühend heiß serviert werden.
Wer sie überbacken nicht mag, ißt sie mit Eiern, die roh in den vorgewärmten Teller gegeben werden. Die kochend heiße Suppe wird darübergegossen und das Ganze mit gerösteten Baguettescheiben belegt und mit geriebenem Käse bestreut.

Grumbeeresupp
Hardaepfelsupp
Kartoffelsuppe

Für 8 Personen
1 Kilo Kartoffeln
1–2 Zwiebeln
1 gelbe Rübe
1 Stange Lauch
2 Eßlöffel Öl
2 Liter Fleischbrühe (oder Wasser)
5 Eßlöffel Crème fraîche
30 Gramm Butter
Pfeffer, Salz, Muskat
Petersilie oder Kerbel

Die feingehackten Zwiebeln in etwas Öl andünsten. Gelbe Rübe in kleine Würfel, Lauch in Ringe schneiden und zu den Zwiebeln geben. Das Gemüse etwa eine Viertelstunde schmoren lassen, eventuell mit etwas Brühe angießen, um zu verhindern, daß es anbrennt. Mit dem Rest der Brühe übergießen, die gewürfelten Kartoffeln zugeben und eine gute halbe Stunde köcheln lassen.
Die Suppe passieren, Sahne unterrühren und abschmecken. Zum Schluß etwas Butter, frisch geriebene Muskatnuß und gehackte Petersilie bzw. Kerbel unterrühren. Mit gerösteten Brotwürfeln servieren. Aber auch geröstete Speckwürfel schmecken gut zu dieser Suppe. Kinder mögen sie im allgemeinen lieber mit klein geschnittenen »Straßburger Würstchen«.

Würstchenvorrat für die Grumbeeresupp bei Sandrock in Soufflenheim

Lewerknepflesupp
Leberklößchensuppe

Für 6 Personen:
300 Gramm Rinderleber (vom jungen Rind)
1,5 Liter Fleischbrühe
Klöße:
1 Brötchen (Weißbrot)
1 Tasse Milch
1 Zwiebel (mittelgroß)
20 Gramm Butter
1 Ei
Petersilie
1 Suppenlöffel Grieß
Pfeffer, Salz, Muskatnuß

Das Brötchen (evtl. Weißbrot ohne Rinde) ein paar Minuten in die lauwarme Milch tauchen und anschließend gut ausdrücken.
Die feingehackte Zwiebel in etwas Butter dünsten. Während die Zwiebel abkühlt, die Leber durch den Fleischwolf drehen (falls dies Ihr freundlicher Fleischer nicht schon für Sie erledigt hat), das Ei schlagen und die Petersilie fein hacken. Leber, Brot, Zwiebel, Ei, Petersilie und Grieß sorgfältig mischen. Pfeffer, Salz und geriebene Muskatnuß in die Masse geben, das Ganze kalt stellen.
Entweder mit zwei Teelöffeln oder einfach mit den Händen kleine Klößchen formen. Fleischbrühe erhitzen, die Klößchen in die siedende Brühe geben. Wenn sie an die Oberfläche steigen, sind sie gar.
In einer großen Suppenterrine mit Croutons – und wer's mag, mit gerösteten Zwiebelringen – servieren.

Übrigens: »Man mag auch wolschmäkkende Kräutlin und grünen Peterlin / geschnittenen Zwibel in solche Knöpflin thun. Item geschehlt und gestossene Mandlen / oder auch Rosinlin / Pomeranzen oder Citronen-Schnitzlin / wie auch gehackt und in Schmalz geröstet Aeffpel«, erklärt der Abt Buchinger (1671).

Marikknepflesupp
Markklößchensuppe

Für 6 Personen:
125 Gramm Knochenmark
1,5 Liter Rinderbrühe
Klößchen:
Petersilie, Kerbel
2 Eier
50 Gramm Semmelbrösel
50 Gramm Grieß
1 Eßlöffel Mehl
Salz, Pfeffer, Muskat

Die Gefahr, daß die Klößchen beim Kochen auseinanderfallen, ist geringer, wenn sie schon am Vorabend zubereitet werden!
Petersilie und Kerbel sehr fein hacken. Die Eier kräftig schlagen. Das Mark mit der Gabel zerdrücken (das geht leichter, wenn es zuvor im Wasserbad leicht erwärmt wird) und mit den anderen Zutaten sorgfältig mischen. In der Handfläche kleine Klößchen formen.
Die Rinderbrühe zum Sieden – nicht zum Kochen! – bringen, die Klößchen vorsichtig hineingeben und etwa zehn Minuten ziehen lassen. Wenn sie an die Oberfläche steigen, sind sie fertig.

◁ Monsieur und Madame Reech bei der Kartoffelernte

Die Altenacher Weiher im Sundgau ▷

Beersupp
Biersuppe

Dieses uralte Rezept hat angeblich sowohl im Ober- als auch im Unterelsaß Tradition, was ich allerdings kaum glauben kann, da die »Bierkultur« doch eher im mittleren und nördlichen Elsaß angesiedelt war. »Beersupp« wurde in einfachen Haushalten als einziges Gericht serviert. Um es nahrhafter zu machen, gab man, sofern vorhanden, geräucherten Speck hinein. Offenbar hat man später auch »Straßburger Würstchen« und Senf dazu gegessen. In meiner Familie hat diese Suppe keinerlei Tradition. Bei meinen Großeltern wurde nämlich alles vom Tisch verbannt, was mein herrischer Großvater nicht mochte. Nach dem ersten Versuch soll das Urteil vernichtend gewesen sein – niemand wagte es mehr, ihm derlei »Scheußlichkeiten« vorzusetzen.

Für 8 Personen:
2 Liter helles elsässisches Bier
100 Gramm Butter
6 Eßlöffel Mehl
Salz, Pfeffer
1 Prise Zimt
1 Kaffeelöffel Zucker
0,2 Liter Crème fraîche
1 Weißbrot

Die Butter langsam zergehen lassen und das Mehl einrühren wie zu einer Béchamelsauce. Es darf keine oder nur ganz wenig Farbe annehmen. Etwa fünf Minuten bei mittlerer Hitze unter ständigem Rühren sanft kochen, dabei nach und nach das Bier einrühren. Vorsicht, es dürfen sich keine Klümpchen bilden. Wenn die Flüssigkeit ganz glatt ist, zuerst Salz und Pfeffer, dann Zimt und Zucker zufügen. Kurz aufkochen. Bei mäßiger Hitze 20 Minuten sieden lassen. Mit Crème fraîche binden.

Eine Brotscheibe pro Person goldgelb rösten, in die Suppenschüssel (oder direkt in den Teller) geben und die heiße Suppe darübergießen.

Winsupp
Weinsuppe

Wenn es in einer Gegend wie dem Elsaß eine Biersuppentradition gibt, kann die Weinsuppe nicht ausbleiben. Allerdings habe ich hier Mühe, mich zu entscheiden, wo ich das Gericht einordnen soll. Denn eigentlich wird es heute stets als Nachtisch serviert. In alten Chroniken findet man es jedoch immer als Zwischengericht.

Für 6 Personen:
1 Liter Pinot noir
50 Gramm Butter
1 Eßlöffel Mehl
4 Eßlöffel Zucker
1 Teelöffel Zimt
1 Zitrone
150 Gramm Rosinen
4 Eigelb
1 Prise Safran

Butter und Mehl in der Pfanne hell rösten, unter Rühren mit Wein aufgießen. Zucker, Zimt und die abgeriebene Schale einer Zitrone hinzufügen. Unter ständigem Rühren etwa eine Viertelstunde sanft köcheln lassen. Zum Schluß die gewaschenen Rosinen zugeben und in der Suppe erwärmen, die vier Eigelb einrühren, mit Safran abrunden.

Wie andere Suppen kann auch Weinsuppe mit Croutons serviert werden. (Allerdings müssen die Weißbrotwürfel in diesem Fall unbedingt in Butter geröstet werden.)

Kirschesupp
Kirschsuppe

Es wäre vorstellbar, diese süße Suppe als Nachtisch zu servieren. Aber schließlich kennt man anderswo auch Süßes als Einstieg (ich denke zum Beispiel an die in Deutschland beliebte Kaltschale), und aus den alten elsässischen Chroniken ist eindeutig zu ersehen, daß süße Suppen stets als erster Gang – oder bei großen Festessen als einer der ersten Gänge! – aufgetischt wurden. Im *Oberrheinischen Kochbuch* von Marguerite Spoerlin werden den »jungen Hausmüttern und Töchtern« gleich ein gutes Dutzend süße Suppen angeboten, darunter Kirschsuppe mit Rotwein und sogar eine Schokoladensuppe und eine falsche (!) Schokoladensuppe.

Für 4 Personen:
750 Gramm Kirschen
3/4 Liter Weißwein
3/4 Liter Wasser
250 Gramm Zucker
1 Prise Salz
4 Scheiben trockenes Weißbrot
Butter
4 Eigelb

Die Kirschen entsteinen. Den Wein und das Wasser zum Kochen bringen. Kirschen, Zucker und Salz hineingeben und eine gute halbe Stunde kochen lassen. Das Brot in kleine Würfel schneiden und in Butter rösten. Die Eigelb in der vorgewärmten Suppenschüssel verquirlen, die Croutons hinzugeben und die heiße Suppe unter vorsichtigem Rühren darübergießen.

Hors d'œuvre et entrées

Vorspeisen

Es fällt mir schwer, in dieser Rezeptesammlung überhaupt von Vorspeisen zu sprechen. Aus historischer Perspektive scheint mir der Begriff allemal unrichtig: Aus den alten Chroniken und Küchenberichten geht hervor, daß man sich an fürstlichen und später an bürgerlichen Tafeln zwar nicht mit einem »Hauptgericht« zufrieden gab, daß man aber seine Festessen in mehreren Abfolgen von jeweils einem guten halben Dutzend Gerichten gestaltete, in denen die Reihenfolge aus unserer heutigen Sicht manchmal recht willkürlich erscheint.

Gilbert Brenners Tourte (Pariser Stewel, Colmar)

Toreinfahrt in Niedermorschwihr ▷

Von »Vorspeise« im Wortsinn kann keine Rede sein. Die einfache ländliche Küche hingegen begnügt sich häufig auch heute noch mit einem einzigen Gericht, bei dem allein die Menge dafür entscheidend ist, daß es – z. B. in Verbindung mit einem Salat – als Hauptgericht gelten kann. Ich denke dabei z. B. an den Zwiebelkuchen, an Flammekueche oder an allerlei warme oder kalte Pasteten.

Pasteten scheinen bereits im Mittelalter die Phantasie der Köche beflügelt zu haben. Vielleicht auch aus Gründen der Fleischkonservierung, die damals grundsätzlich schwierig war – was wir heute fast völlig vergessen haben. Mit vielen verschiedenen Gewürzen gegen einen sich ankündigenden Hautgout anzukämpfen, war damals gängige Küchenpraxis.

Mir scheint, man könnte – ohne groß zu übertreiben – behaupten, im Elsaß gebe es soviele verschiedene Pastetensorten, wie es Käse in Frankreich gibt. Schon in Buchingers »Koch-Buch« finden wir mehr als 40 verschiedene Vorschläge, im Oberrheinischen Kochbuch sind es weit über 50. Nicht nur Fleisch, auch Geflügel, Fisch, Krebse, Schnecken, Gemüse lassen sich zu Pasteten verarbeiten, und ohne viel Mühe ließe sich damit ein eigenes Kochbuch füllen.

Ich möchte mich hier auf ein paar wenige Rezepte beschränken, solche, die in der heutigen elsässischen Küche als klassische Vorspeisen angesehen werden.

45

Mürbeteig für Tarteboden

Mengenangabe für zwei Kuchenböden von Ø ca. 28 cm:
500 Gramm Mehl
200 Gramm Butter
1 Prise Salz
1 Prise Zucker
1 Ei
1 Glas Wasser

Das Mehl in eine Teigschüssel sieben. Die Butter in Stückchen hineinschneiden und mit einer Prise Salz und einer Prise Zucker so lange bearbeiten, bis eine grob sandige Konsistenz erreicht ist. Ei und Wasser hinzufügen, bis der Teig zur Kugel geformt werden kann – er darf weder zu fest noch zu weich sein. Vor dem Backen mindestens eine Stunde im Kühlschrank oder in einem kühlen Raum ruhen lassen.

Catys Zwiebelkuchen

Zewelkueche Zwiebelkuchen

Zwiebelkuchen kann man als Vorspeise servieren. Die Elsässer mögen ihn aber zu nahezu jeder Tageszeit zu einem Glas Wein.

250 Gramm Mürbeteig
5 große Zwiebeln
2 Eßlöffel Öl
50 Gramm Butter
1 Eßlöffel Mehl
1 Tasse Milch
1 Tasse flüssige Sahne
2 Eier
100 Gramm geräucherter Speck

Die gehackten Zwiebeln in Öl mit etwas Butter andünsten. Vorsicht! Die Zwiebeln dürfen nicht braun werden.

In einer Pfanne die Butter zerfließen lassen und das Mehl einrühren, bis die Masse schäumt. Unter kräftigem Schlagen die Milch (eventuell auch einen Schuß trockenen Weißwein) untermengen und bei ständigem Rühren etwa zehn Minuten köcheln lassen.

Die Eier schlagen und in diese leichte Béchamelsauce einrühren. Die gedünsteten Zwiebeln untermischen.

Die Kuchenform (von etwa 28 cm Durchmesser) mit dem Teig auslegen. Die Zwiebelmasse darauf verteilen. Den in kleine Würfel geschnittenen Speck darüberstreuen.

Etwa 45 Minuten bei mittlerer Hitze (180–200 °C) backen.

Omelett mit Hopfensprossen

Hauptsächlich im Westen und Nordwesten von Straßburg wird Hopfen angepflanzt. Wer allerdings glaubt, nur im Bier finde diese Pflanze Verwendung, täuscht sich. »Die Bäuerin von einst wußte die Hopfensprossen zu allerlei gastronomischen Zwecken zu verwenden«, erklärt M. Dörflinger. Ähnlich wie Spargelspitzen kann man die sprießenden Triebe der Pflanze abpflücken und z. B. in einem Omelett verarbeiten.

Für 4 Personen:
200 Gramm Hopfensprossen
1/2 Zitrone
8 Eier
1/8 Liter Milch
Pfeffer, Salz
Butter

Die Hopfensprossen in Salzwasser mit dem Saft einer halben Zitrone etwa eine Viertelstunde blanchieren; das Wasser abgießen.
Die Eier mit der Milch schlagen, Pfeffer und Salz zufügen, die Sprossen untermischen.
Mit viel Butter in einer großen Pfanne wie ein normales Omelett braten (nur auf einer Seite: das Omelett zusammenklappen, solange die Oberfläche noch leicht flüssig ist).

Salade mixte

»Salade mixte« ist, ebenso wie »Cervelasalat« oder »Schwizerkässalat« ungemischt, ein klassisches kleines Weinstubengericht. Vorsicht: Die Mischung besteht lediglich aus »Cervelas« (kleinen Fleischwürsten) und Schweizerkäse – nichts Rohes, »Gesundes«, außer Zwiebeln und Petersilie gelangt in die Komposition dieses »Salats«.

Für 6 Personen:
6 »Cervelas« (möglichst kleine)
250 Gramm Emmentaler (Hartkäse, »Barigkas«)
1 große Zwiebel oder 3 Schalotten
Pfeffer, Salz
Petersilie
Essig, Öl
1 Messerspitze scharfer Senf

Die Würste der Länge nach halbieren und in feine Scheiben schneiden. Auf den Tellern anrichten. Den Käse in 2–3 cm lange Stäbchen schneiden oder (wer's eilig hat) grob raffeln. Ebenfalls auf die Teller verteilen. Zwiebel oder Schalotten und Petersilie fein hacken, über die Würste und den Käse streuen. Eine eher scharfe Vinaigrette bereiten und über die angerichteten Salatteller gießen.

Betty Peterschmitt bei der Herstellung einer Tourte au canard

Tourte
Warme Pastete aus dem Münstertal

Kein Zweifel: Fleischpastete in allen Varianten gehört zu den traditionsreichen Gerichten des Elsaß. Wurden damit doch bereits die Gäste des Herrn Georg von Rappolstein anläßlich seiner Hochzeit mit Elisabeth von Helfenstein im Jahre 1543 erfreut. Aus diesem festlichen Anlaß kamen gleich drei verschiedene Arten von Tourte – eine mit Rebhuhn, eine mit Reh und eine mit Speck – auf den Tisch. Dies waren allerdings nur drei von 26 (jawohl, sechsundzwanzig!) Gerichten.
In seinem im Jahre 1671 erschienenen »Koch-Buch, so wol für Geistliche als auch Weltliche, grosse und geringe Haus-Haltungen, wie bey denen täglich viel Leut am füglichsten abgespeist werden...« bietet Bernhard Buchinger, der Abt des Klosters zu Lützel, seinen Leserinnen und Lesern »Achthunderterley Fleisch-, Wildpret-, Geflügel-, Fisch-, Eyer- und Garten-Speisen«, darunter eine ganze Reihe von Tourte-Rezepten. Ich halte mich jedoch zurück und schlage hier nur das Rezept vor, das ich von der über neunzigjährigen »Tante« Anne-Marie Braesch bekommen habe, einer ehemaligen Köchin aus Mühlbach im Münstertal und Freundin meiner Familie.

Anders als bei Georg und Elisabeth von Rappolstein wird Tourte heute meist als Hauptgericht mit einem grünen oder einem gemischten Salat serviert.

Tourte vigneronne
Winzer-Pastete

Für 6 Personen:
400 Gramm Schweinefleisch (nicht mager)
400 Gramm Kalbfleisch (von der Nuß)
2 Brötchen
1 Glas Milch
2 Zwiebeln
2 Knoblauchzehen
gehackte Petersilie
1 Glas Sylvaner
Salz, Pfeffer, Muskat
1 Gewürznelke
2 Eier
Für die Form:
50 Gramm Butter
300 Gramm Mürbeteig
250 Gramm Blätterteig

Weinblüte

Zunächst werden die Brötchen in lauwarmer Milch eingeweicht. Ausdrücken und mit dem Fleisch durch den Fleischwolf drehen. Gehackte Zwiebeln und Knoblauch kurz andünsten. Abkühlen lassen, zusammen mit der gehackten Petersilie, dem Wein und den Gewürzen unter das Fleisch mischen.
Die Masse über Nacht kühl stellen und durchziehen lassen. Vor dem Backen die Gewürznelke entfernen, die Eier schlagen und untermischen. Eine kleine Menge Ei zurückbehalten.
Eine mit Butter eingefettete Tourteform mit dem Mürbeteig auslegen, die Fleischmasse darübergeben und mit dem möglichst dünn ausgerollten Blätterteig bedecken. Die Ränder mit Wasser bestreichen und fest andrücken. Ein Luftloch von 2 bis 3 cm Durchmesser in die Teigdecke stechen und ein gefettetes Pergamentpapierröhrchen einstecken, damit der Dampf abziehen kann. Mit dem restlichen Eigelb einpinseln.
Eine gute Stunde bei mittlerer Hitze (170°C) backen.

Winzer-Pastete war nicht nur, wie der Name es vermuten lassen könnte, im Weinland bekannt, obwohl die Frau des Winzers sicherlich mit größerer Selbstverständlichkeit als die normale Hausfrau zur Flasche greift, wenn sie kocht... Die Zutaten für die Winzer-Tourte sind die gleichen wie bei der Münstertäler Tourte. Die Weinmenge wird jedoch mindestens verdoppelt und das Fleisch in diesem Falle nur zu einem Drittel durch den Wolf gedreht. Der Rest wird in schmale, längliche Streifen geschnitten und in eine Weinmarinade gelegt, in die man zusätzlich etwas Thymian, Majoran und ein Lorbeerblatt geben kann.
Nach frühestens 12 Stunden wird die Flüssigkeit abgegossen und die Fleischstreifen werden mit Küchenkrepp abgetupft, ehe sie in die mit Teig und einer dünnen Schicht von Gehacktem ausgelegte Form gegeben werden. Den Rest des Hackfleischs über die Fleischstreifen streichen; weiter wie bei der Münstertäler Tourte.

Warmi Wildkinjele-Baschdeet
Warme Pastete von Wildkaninchen

Ins handgeschriebene Kochbuch von Janines Großmutter eingeklebt fand ich, neben ein paar anderen, dieses mit dem Namen Micheline unterzeichnete Rezept. Sie hatte es aus einer Zeitung ausgeschnitten, die ich nicht identifizieren konnte.

»Am Daa eb dass m'r die Baschdeet mache will, belzt m'rs Kinjele ab un nemmt's üss. Mit eme scharfe Messer schnied m'rs Fleisch vum Buckel, vum Filet un von de Schenkele suefer vun de Knoche ab, nemmt's halwe Gewecht fetts Schwinefleisch, schnied alles in Centimeter dicki Riemle wo m'r mit 4–5 Schalotte, Peterlin, Thymian, alles ganz fin ghäckelt, uff's Pfund 10 gr. Gewürzsalz, e Schnapsglaesel voll Cognac un eins voll Madère beizt.

Jetzt wäre d'Knechle ganz abgschaabt und diss Fleisch wurd mit de Lewer, mit em Herzele, de Nierle, un grad eso viel Schwinefleisch un frischem Speck durch d'Hackmaschinn gelon, uff's Pfund Farce 10 Gramm Gewürzsalz, e bessel in Butter gedämpfdi Fines-Herbes wo m'r widder kalt wäre het lonn, mit enander guet verschaft.

De Daig macht mer üss 250 gr. Mehl, 125 gr. Butter, 8 gr. Salz, 1 déciliter Wasser, gibt 'ne gschwind zamme un wickelt 'ne in a Serviette. Alles muess m'r no ins Kalte stelle. Fur d'Baschdeet ze mache, nemt m'r e firfeschti Porzellanplatt, bedeckt de Bode mit d'r Hälft vun d'r Farce, laijt d'ingebaizde Stickle Fleisch scheen newe enander, deckt mit Farce zue, schitt e bissel kalter Kalbsjüs oder Fleischbruey kalt drüwer, sodass d'Baschdeet nit ze drucket wurd, un wenn mer's gern het e bissel englischi Sauce; wallt der Daig in der Form vun der Platt üss, layt ne druff, druckt ne mit de Fingerspitze fescht uff de angefiechte Rand vun d'r Platt, schnied e Kaminel üss, daß der Laum iewerem Bache erüskann, stricht's mit Eigäl an, schnitzelt ganz licht mit em Bukkel vum Messer e Dessin drin, un bacht's 45 Minüte im e guete warme Offe.«

Janines Familie war erkennbar schon zu Großmutters Zeiten weltoffen: Jene Großmutter stammte aus Mühlhausen, hatte aber schon ihre ersten Ehejahre nach 1903 in Sachsen verbracht. Also wurden auch Michelines »unterländische« Rezepte – ihr elsässisch ist erkennbar eines aus Straßburg – aufbewahrt und vermutlich ausprobiert!

Und nun die Übersetzung:

1 Wildkaninchen samt Herz und Nieren

Für die Fleischfüllung (Stücke):
- Schweinefleisch (Schulter)
- 4–5 Schalotten
- Petersilie
- Thymian
- Gewürzsalz
- Cognac
- Madeira

Für die Fleischfarce:
- Schweinefleisch (Schulter)
- Frischer Speck
- Gewürzsalz
- Petersilie, Thymian, Kerbel, Schnittlauch
- Butter

Für den Teig:
- 250 Gramm Mehl
- 125 Gramm Butter
- 8 Gramm Salz
- 0,1 Liter Wasser

Kalbsbrühe oder Rinderbrühe
Worcestersoße
1 Eigelb

Am Tag, bevor man die Pastete machen will, zieht man das Kaninchen ab und nimmt es aus. Mit einem scharfen Messer löst man das Fleisch vom Rücken, vom Filet und von den Schlegeln fein säuberlich von den Knochen, nimmt für ein Pfund Kaninchenfleisch ein halbes Pfund fettes Schweinefleisch, schneidet das Ganze in etwa 1 cm dicke Riemchen, die man mit 4–5 Schalotten, Petersilie, Thymian – das Ganze kleingehackt – und 10 Gramm Gewürzsalz pro Pfund Fleisch in Cognac und Madeira einbeizt (jeweils ein Gläschen pro Pfund Fleisch).

Nun werden die Knochen ganz abgeschabt, und das restliche Fleisch wird zusammen mit der Leber, dem Herz, den Nierchen und dem gleichen Gewicht Schweinefleisch und frischem Speck durch den Fleischwolf gedreht. Für ein Pfund dieser Farce rechnet man 10 Gramm Gewürzsalz. Das Ganze vermischt man sehr sorgfältig mit ein paar in Butter gedämpften Kräutern, die man zuvor wieder hat abkühlen lassen.

Den Teig macht man aus 250 Gramm Mehl, 125 Gramm Butter, 8 Gramm Salz, 0,1 Liter Wasser, man knetet ihn rasch und schlägt ihn in ein Küchentuch ein. Danach muß man alles kaltstellen.

Um die Pastete zu machen, nimmt man eine feuerfeste Porzellanplatte (gemeint ist eine Pastetenform! Hier ist eindeutig eine Lücke in dem Rezept: Nun legt man diese Form nämlich mit Teig aus), bedeckt den Boden mit der Hälfte der Farce, legt die eingebeizten Fleischstreifen schön nebeneinander, deckt sie wieder mit Farce zu, gießt etwas kalten Kalbsfond oder Fleischbrühe darüber, damit die Pastete nicht zu trocken wird, wer's mag, auch etwas englische Sauce (gemeint ist Worcestersoße); dann walkt man den (restlichen) Teig aus und gibt ihm etwa die Form der Platte, legt ihn auf die Pastete, drückt ihn mit den Fingerspitzen fest an den angefeuchteten Rand, schneidet einen kleinen Kamin aus, damit der Dampf beim Backen heraus kann, bestreicht die Oberfläche mit Eigelb, ritzt vorsichtig mit dem Messerrücken ein Dessin hinein und bäckt das Ganze 45 Minuten in einem gut warmen Ofen.«

An dieser Stelle scheinen mir Michelines Angaben recht unpräzise. »Gut warm«, das sind für mich 170 °C, wobei mir 45 Minuten auf keinen Fall reichen. Eine Stunde ist das Minimum, besser noch: 30 Minuten bei 170 °C und anschließend 45 Minuten bei 140–150 °C.

Terrine de foie gras
Gänseleber-Terrine

1 Foie gras/Stopfleber
Salz, Pfeffer
eventuell statt dessen eine fertige Salz-Gewürzmischung*
1 Gläschen Cognac
Falls vorhanden: 50 Gramm Trüffel
2 Eßlöffel Gänse- oder Entenschmalz
Terrine von 1/2 bis 3/4 l Inhalt, je nach Größe der Leber

Die traditionelle Straßburger Terrine wird mit Gänsestopfleber hergestellt. Immer häufiger aber werden im Elsaß auch Enten gemästet (siehe Kapitel Foie gras, Seite 133).

Gänseleber und Trüffel

Eine Gänsestopfleber sollte 600 bis 700 Gramm wiegen, eine Entenleber höchstens 500. Wenn Sie die Leber beim »Gaveur« (Mäster) direkt kaufen, wird er Ihnen zeigen, wie man die Konsistenz einer Leber mit dem Daumen prüft. (Fühlt sich die Leber so an wie ein alter Münsterkäse, sollten Sie sie lieber nicht kaufen...)
Die frische Leber eine Stunde in kalte Vollmilch legen *(faire dégorger le foie)*. Funktionsbedingt ist die Leber ein sehr aufnahmefähiges Organ; es können sich deshalb auch leichte Bitterstoffe oder jedenfalls geschmacksstörende Stoffe in ihr ansammeln und festsetzen. Diese werden durch das Ziehen in der Milch entfernt.
Leber aus der Milch nehmen und abtupfen. Die beiden Leberlappen vorsichtig auseinanderziehen und mit einem spitzen kleinen Messer von allen kleinen Blutgefäßen, Nerven und Fettsträngen reinigen. Die Leber soll dabei möglichst wenig verletzt, sie darf auf keinen Fall geknetet werden.
Die Leber mit Salz und Pfeffer bestreuen und sehr vorsichtig und zurückhaltend mit Cognac (der beste ist gerade gut genug) beträufeln. Cognac, Salz und Pfeffer leicht einmassieren. Um es zu wiederholen: die Leber nimmt jeden Geschmack sofort auf, sie intensiviert ihn geradezu.

* Salz und Kräutermischungen für Foie gras gibt es in manchen Feinkostgeschäften im Elsaß fertig zu kaufen. In der Regel handelt es sich um Salz, das zu 10% mit der Mischung »4 épices« vermengt ist. Diese vier Gewürze wiederum – auch sie gibt es fertig zu kaufen – bestehen aus schwarzem Pfeffer (50%), gemahlener Muskatnuß (25%), Gewürznelke (15%) und Ingwer (10%). Die Virtuosen der Foie gras haben schon immer ein großes Geheimnis um ihre Kräutermischungen gemacht. Bei Haeberlins soll sie (oder das Rezept dafür) im Safe aufbewahrt werden, und angeblich weiß absolut niemand, außer dem Meister selbst, woraus die Komposition besteht.
Ich persönlich ziehe es vor, auf jegliche Gewürzmischung zu verzichten, um den Geschmack der Leber selbst so pur wie möglich zu erhalten.

Zuviel Gewürz oder zuviel Cognac verdirbt den Geschmack der Leber oder macht sie sogar ungenießbar.
In einen tiefen Teller legen, Trüffel, falls vorhanden, in längliche Stückchen schneiden und zwischen die Leberlappen stecken. Zudecken und über Nacht in den Kühlschrank stellen.
Eine Terrine aus Steingut oder Soufflenheimer Keramik mit Gänse- oder Entenschmalz bestreichen (am Schmalz soll es nicht scheitern, Butter tut's notfalls auch!). Die Leber in die Terrine füllen und festdrücken, es sollten keine Zwischenräume entstehen, damit die Leber überall gut durchgart. Mit etwas Schmalz bestreichen. Zudecken und 35–40 Minuten bei 68 °C im Wasserbad ziehen lassen – das Wasser bis zur Höhe der eingefüllten Leber auffüllen. Ein gutes, d. h. exaktes und leicht ablesbares Thermometer ist für das Gelingen der Foie gras unentbehrlich. Dazu kommt ein bißchen Geduld, denn man darf das Wasserbad keine Minute aus den Augen lassen. Wird es zu heiß, so fließt alles Fett aus der Leber und es bleibt so etwas wie eine verschrumpelte Schnecke übrig!
Die Terrine abkühlen lassen und in den Kühlschrank stellen, eventuell sogar eine Stunde lang in das Eisfach des Kühlschranks.
Frühestens nach 24 Stunden auftischen. Kalt mit Weißbrot servieren. (Ich bin kein Fan von Toastbrot, es sei denn, man hat einen hervorragenden Bäcker, bei dem man ein frisches »Pain de mie« kaufen kann. Ebenso verzichte ich lieber auf die Beigabe von Gelee, denn selten macht sich heute noch jemand die Mühe, es ohne chemische Zusätze herzustellen. Nach meiner Erfahrung schmeckt solches Gelee stets danach, was die liebevoll zubereitete Foie gras nicht verdient hat.)
Wenn die Terrine angeschnitten ist, sollte man sie innerhalb einiger Tage aufessen. Man kann sie aber unangeschnitten bis zu einem Monat im Kühlschrank aufbewahren, mit einer dicken Schicht Gänse- oder Entenfett luftdicht abgeschlossen.

Die fertige Terrine

Foie gras moulé au torchon

Diese Zubereitung wurde erst in den letzten Jahren aus dem Südwesten Frankreichs ins Elsaß importiert. Der Unterschied ist allerdings sehr gering. Die Vorbereitung der Leber ist genau dieselbe. Statt die Leber in eine Terrine zu geben, wickelt man sie in ein feines Tuch, und durch vorsichtiges Kneten gibt man ihr die Form einer Wurst. Anschließend entfernt man das Tuch und wickelt das »Lebergebilde« in Klarsichtfolie, die man an beiden Enden wie eine Wursthaut zubindet. Danach erhitzt man diese »Wurst« wiederum bei 68 °C im Wasserbad, allerdings nur 25 Minuten.

Kleine Varianten zur Foie gras

Wer sich beim Zubereiten der Foie gras einmal mit Salz, Gewürzen oder Cognac vertan hat, versteht mich, wenn ich sage, die Stopfleber nehme jede Geschmackskomponente an. Wer einen geübten Foie-gras-Gaumen hat, schmeckt z. B. auch noch Spuren vom Mais, mit dem die Gans oder die Ente gemästet wurde. Also liegt es auf der Hand, Versuche mit anderen Geschmacksnuancen zu machen.

Als die Entenmästerin Betty Peterschmitt* las, daß die Römer ihre Gänse einst mit Feigen statt mit Mais stopften, beschloß sie, es einmal damit anstatt mit Trüffeln zu versuchen. Sie hat mir nicht verraten, worin sie die getrockneten Feigen einlegt, bevor sie sie in die Leber einarbeitet.

Ihre Idee habe ich jedoch aufgegriffen und dabei die Leber statt mit Cognac mit einer Gewürztraminer Spätlese einbalsamiert. Die Feigen habe ich 24 Stunden in den gleichen Gewürztraminer gelegt. Das Ergebnis fanden auch meine Gäste überzeugend.

* Betty Peterschmitt: Eine der 8 Mäster/innen im Département Haut-Rhin. Adresse im Kapitel: Nos bonnes adresses, S. 188. Sie stellt auch Foie gras mit Dörrzwetschgen her.

Pâté de foie gras de Strasbourg
Straßburger Gänseleberpastete

2 Gänselebern
100 Gramm Trüffel
1 Gläschen Cognac
250 Gramm Kalbsfilet
250 Gramm Schweinefilet
25 Gramm Kräuter-Salz-Mischung
600 Gramm Mürbeteig
1 Eßlöffel Öl
1 Eigelb
0,1 Liter Madeira
200 Gramm Kalbs- oder Geflügelgelee mit Madeira
Pastetenform von 1,5–2 l Inhalt

Die Vorbereitung der Lebern erfolgt nach den Anweisungen im Rezept »Terrine de foie gras«, Seite 40. Die Lebern über Nacht kühlstellen.

Das gut gekühlte Kalbs- und Schweinefilet durch den Fleischwolf drehen, gegebenenfalls zweimal, um eine sehr feine, homogene Fleischmasse herzustellen. Mit etwa 10 Gramm der Salz-Gewürzmischung würzen und etwas Öl einarbeiten (es kann ein gutes, aber nicht allzu fruchtiges Olivenöl sein).

Den Teig ziemlich dünn auswalken und die mit Butter eingefettete Pastetenform damit auslegen. Die Hälfte der Fleischfüllung in die Form geben. Die getrüffelte Leber darauflegen und festdrücken. Den Rest der Fleischfarce darüber verteilen und glattstreichen. Mit einem Teigdeckel verschließen, den Teigrand seitlich andrücken. Zwei »Kamine« im Teigdeckel anbringen und den Teig mit Eigelb bestreichen. Wer mag, kann sich künstle-

risch betätigen und mit der Gabel ein Motiv in den Teigdeckel einritzen oder aus Teigresten Blätter oder ähnliches formen und auflegen.
Die Pastete 50 Minuten bei 170°C backen.
Abkühlen lassen. Wenn die Pastete nur noch lauwarm ist, das Kalbs- oder Geflügelgelee, das mit etwas Madeira hergestellt wurde, in die beiden Luftlöcher einfüllen. Kühl stellen und erst nach weiteren 24 Stunden kalt servieren.
Eine Pâté de foie gras herzustellen, ist nicht nur mit viel Aufwand verbunden, sondern auch kostspielig. Dementsprechend selten wird sie angeboten, nur bei großen Familienfesten, zu Weihnachten etwa. Frische Gänseleber gibt es ohnehin nur von Oktober bis Januar – was ungefähr mit der Trüffelernte übereinstimmt –, da das Mästen der Gänse frühestens im September beginnt und etwa 24 Tage dauert.
Meine Weinempfehlung dazu: ein Riesling grand cru, vendange tardive!

Poissons, escargots, grenouilles

Fastenspeisen: Fisch, Schnecken und Frösche

Schon beim näheren Betrachten einer Karte des Elsaß kann man sich vorstellen, daß Fisch einst in der elsässischen Küche eine bedeutende Rolle gespielt hat. Der Oberrhein – der in seinem weiträumigen Tal zahllose Nebenarme und Teiche bildete, bis er im 19. Jahrhundert reguliert wurde – und sein Hauptnebenfluß, die Ill, die wiederum von zahllosen Flüssen und Bächlein gespeist wird, haben ehedem unzählige Fischerfamilien ernährt.

Nicht nur Störche mögen Frösche

◁ Adrien Vonarb aus Balgau

Im 13. Jahrhundert lebten allein der Ill entlang 1500 Berufsfischer. Schon zu Beginn des 14. Jahrhunderts wurde die Fischerei im Elsaß strengen Gesetzen unterworfen. Die Straßburger Fischerzunft, die bis 1521 bestand, war eine der mächtigsten, und noch heute gibt es den malerischen *Quai des Pêcheurs* mit der *Eglise Saint-Guillaume,* der *Wilhelmskirche,* die nicht etwa ein Kreuz, sondern einen Anker auf der Kirchturmspitze trägt.

Der Rhein lieferte Lachs, Maifisch, Lamprete, Hecht, Karpfen, Zander, Aal und bis gegen 1850 sogar Stör, die übrigen Flüsse Hecht, Zander, Barsch, Äsche, Flußbarbe, Forelle, Schleie, Gründling. Rheinfische sind heute – nicht nur wegen der chemischen Industrie in und um Basel, auch wegen des elsässischen Kaliabbaus bei Mulhouse – ungenießbar. Von den vielen elsässischen Berufsfischern finden sowohl im Département Bas-Rhin als auch im Haut-Rhin jeweils noch ein einziger ihr Auskommen. Dennoch haben die Elsässer ihre Fischtradition nicht ganz vergessen. Der Karpfen, der einst zu Fastenzeiten die nahezu ausschließliche Nahrung der elsässischen Mönche darstellte, wird heute vorwiegend im südlichen Elsaß gezüchtet und als Spezialität geschätzt. So wie es eine elsässische Weinstraße von Marlenheim bis Thann gibt, gibt es im Sundgau eine »Route de la carpe frite«, eine Straße des gebackenen Karpfens. Und daß es heute sogar unter den ganz jungen Menschen wieder (oder noch) passionierte Angler gibt, habe ich in etlichen Gesprächen mit Pascal D. mit Freude vernommen. Die Hoffnung, daß wir in nicht zu ferner Zeit die Schäden der permanenten Gewässerverschmutzung überwinden werden, habe ich wie viele elsässische Umweltschützer nicht aufgegeben.

Matelote du Rhin
Matelote von Rheinfischen

Einst pilgerten die Straßburger ganz gerne in die nördliche Vorstadt, in die Robertsau oder in die Wantzenau, um in einem der an der Ill gelegenen kleinen Restaurants eine Matelote zu essen. Allerdings hätte man sich bereits in den sechziger Jahren vermutlich mit Rheinfischen vergiftet...
Was unterscheidet heute also, da die Süßwasserfische sowieso nicht mehr aus dem Rhein kommen, eine elsässische von einer Matelote aus irgendeiner Gegend Frankreichs? Der Wein natürlich! In der Regel wird Matelote in Rotwein gekocht. Im Elsaß eben nicht. Je nachdem, wie fein sie sein soll, ist der Sud, in dem die Fische schwimmen, mit Sylvaner, Pinot blanc oder – meine Lieblingsvariante – mit Riesling gemacht.

Für 6 bis 8 Personen:
2–2,5 Kilo Süßwasserfisch: Hecht, Barsch, Aal, Schleie, Zander (warum nicht auch Forelle oder gar Lachs – schließlich war neben dem Rheinkarpfen der von den Straßburger Fischern gefangene Rheinlachs bis weit ins 17. Jahrhundert Lieblingsfisch am französischen Hof).

1 Flasche Riesling
75 Gramm Butter
2–3 Eßlöffel Mehl
250 Gramm Crème fraîche
4 Eier
Salz, Pfeffer

Für den Sud:
2 Liter Wasser
2 Zwiebeln
2 Karotten
2 Knoblauchzehen
2 Lorbeerblätter
Petersilienwurzel
Thymian
Muskat

Garnitur:
20 Gramm Butter
250 Gramm Champignons

Die Fische schuppen, ausnehmen und waschen. In mittelgroße Stücke zerteilen. Den Sud in einem großen Topf ansetzen, erhitzen und die Fischköpfe (evtl. auch einige kleine Fische) darin kochen – je länger, desto besser, mindestens 45 Minuten.
Dem Inhalt einer Flasche Riesling etwa 1/2 Liter durchgesiebten Fischsud beifügen, erhitzen. Die Fischstücke nach und nach hineingeben, die festeren Fische, insbesondere den Aal, zuerst, dann der Reihe nach Hecht, Schleie, Barsch und Zander. Den Sud abschmecken und die Fische etwa 20 Minuten langsam garen. Vorsicht, nicht kochen, lieber ziehen lassen, sonst zerfallen die feineren Fische. Inzwischen bereitet man einen leichten »Roux« (Einbrenne) mit der Butter und dem Mehl, den man abkühlen läßt.
Die Fische aus ihrem Sud herausnehmen und warmstellen. Den Sud unter kräftigem Rühren der Einbrenne beimengen, etwa eine Viertelstunde einkochen lassen. Vom Herd nehmen und zunächst die Crème fraîche, dann die vier Eigelb einrühren. Nicht mehr kochen lassen.
Die Champignons in etwas Butter andünsten.
Die Fische auf einer großen, vorgewärmten Platte anrichten, mit der Sauce überziehen und mit den angedünsteten Champignons garnieren.
Am besten passen hausgemachte Nudeln zur Matelote.

Karpfen in Biersauce

In den nördlichen Vogesentälern pochiert man den Karpfen in Bier!

Für 6 Personen:
1 mittelgroßer Karpfen von etwa 2,5 Kilo
150 Gramm Schalotten oder kleine weiße Zwiebeln
100 Gramm Sellerie, gewürfelt
100 Gramm Butter
2 Scheiben Lebkuchen
1 Bouquet garni
2,5 Liter helles Bier
1 Eßlöffel Mehl
Salz, Pfeffer

Den Karpfen schuppen, ausnehmen und sorgfältig waschen. In einer Fischpfanne die Schalotten und die Selleriewürfel in etwas Butter andünsten. Den Lebkuchen zerbröseln und darüberstreuen. Den Karpfen auf diese Unterlage legen, mit Salz und Pfeffer bestreuen. Das Bouquet garni hinzufügen und mit Bier aufgießen (der Fisch muß »schwimmen«, er muß vollkommen im Bier eingetaucht sein).
Eine Stunde bei mäßiger Hitze (150 °C) im Backofen garen.
Den Karpfen vorsichtig aus dem Biersud herausnehmen und warmhalten. Den Sud aufkochen und stark einkochen lassen. Durch ein Haarsieb passieren, die restliche Butter und etwas Mehl mit einem Schneebesen einrühren, heftig aufschlagen. Diese Sauce über den Karpfen gießen. Das Gericht wird mit Pellkartoffeln oder auch mit Nudeln serviert.
Der Karpfen kann auch in Stücke portioniert werden, mit den Zwiebel- und Selleriewürfeln angebräunt und dann wie oben, allerdings nur 30 Minuten, weitergegart werden.

Carpe frite
Karpfen, gebacken

Gebackenen Karpfen ißt man vor allem im Sundgau.

Für 6 Personen:
1 mittelgroßer Karpfen von etwa 2–2,5 Kilo
Salz, Pfeffer
3 Eier
1/2 Liter Milch
100 Gramm Mehl
2–3 Liter Öl für die Friteuse
Petersilie
Zitrone

Den Karpfen schuppen, ausnehmen und sorgfältig waschen. Der Hauptgräte entlang halbieren und die Fischhälften in mittelgroße, etwa 2,5 cm dicke Scheiben schneiden. Mit Salz und Pfeffer bestreuen. Die Eier mit der Milch schlagen und etwas Salz und Pfeffer untermengen. Die einzelnen Stücke durch diese Mischung ziehen und anschließend in Mehl wälzen.
Das Öl in der Friteuse auf 180 °C erhitzen. Nun werden die Fischstücke in das heiße Fett eingetaucht und etwa 5 Minuten vorgebacken. Unmittelbar vor dem Servieren taucht man sie nochmals in die Eier-Milch-Mischung und anschließend in das siedend heiße Fett. Die Kruste soll goldgelb werden.
Mit gehackter Petersilie bestreuen. Mit Zitrone, Mayonnaise oder Remoulade, eventuell mit Salzkartoffeln servieren.

Auf Karpfenfang im Sundgau

Hecht in Riesling

So spricht Freund Fritz anno 1864: »Und wenn man das silberne Vorlegemesser in die Hand nimmt, um vorsichtig der Länge nach einen prächtigen Hecht in Gelee auseinanderzunehmen, dessen Maul voller Petersilie steckt, wie andächtig einem dann die anderen Tischgenossen zuschauen!« Aber der Hecht wird nicht erst im 19. Jahrhundert als ein sehr delikater Fisch angesehen. Er durfte bei keinem Festessen des 15. und 16. Jahrhunderts fehlen, und bei den Zisterziensern von Lützel gab er im 17. Jahrhundert ein beliebtes Fastenessen ab. Geradezu erfinderisch wurde man im Laufe der Zeit, wenn es galt, ihn zuzubereiten. Er wurde mit Speck gespickt, in einer Pilz- oder gar Trüffelsauce kredenzt, in Weißwein geschmort. Dies ist bis heute eine gängige Zubereitungsart.

Für 6 Personen:
1 Hecht (2–2,5 Kilo)
4 Schalotten
Salz, Pfeffer, Butter
1/4–1/2 Liter Riesling
1/4 Liter Crème fraîche
1 Zitrone

Den Hecht ausnehmen und unter fließendem Wasser säubern. In eine mit Butter eingefettete, feuerfeste Form legen, mit Salz und Pfeffer bestreuen. Die kleingehackten Schalotten um den Fisch verteilen, mit Butterflokken belegen und in den sehr heißen Backofen (250 °C) schieben. Nach einer Viertelstunde mit Weißwein übergießen, Crème fraîche zufügen. Von nun an etwa alle 5 Minuten mit dem Bratsud übergießen. Insgesamt 30 bis 35 Minuten backen. Zuletzt noch mit Zitronensaft beträufeln. Mit Reis, eventuell auch mit Salzkartoffeln servieren.

Zander in Riesling

Für 2 Personen:
1 kleiner Zander, ca. 500–600 Gramm
150 Gramm Champignons
1 Schalotte
1/4 Liter Riesling
0,2 Liter Crème fraîche
Salz, Pfeffer
40 Gramm Butter

Champignons waschen und die Füße abschneiden. Die Pilzköpfe in wenig Wasser mit einer Messerspitze Butter und etwas Salz wenige Minuten kochen.
Der Zander wird ähnlich zubereitet wie der Hecht (Rezept S. 49). Die kleingehackte Schalotte um den Fisch verteilen, den Riesling mit dem Saft der Champignons vermengen und über den Fisch gießen. Etwa 15 bis 20 Minuten im sehr heißen Ofen backen, eventuell mit Alufolie abdecken, damit der Fisch nicht austrocknet. Den Fisch auf einer Platte anrichten, die Haut abziehen, warmhalten. Den Sud einkochen, Crème fraîche einrühren und nochmals einkochen, bis die Sauce verhältnismäßig dickflüssig ist. Vom Feuer nehmen und Butter einrühren. Den Fisch mit dieser Sauce bedekken, mit den Champignons garnieren und mit hausgemachten Nudeln servieren.

Saumon en papillote
Lachs in der Folie

Der Lachs, den wir heute kaufen, stammt aus Schottland, Irland oder Norwegen. Im 16. Jahrhundert jedoch wurde er in so großen Mengen im Rhein, insbesondere auf der Höhe von Straßburg, gefischt, daß er nicht nur ausreichte, um den regionalen Bedarf zu decken, sondern nach Paris exportiert wurde. In Ermangelung von Kühltransporten gab es ihn allerdings dort nur gesalzen. Die Elsässer bereiteten ihn schon im 17. Jahrhundert im Weinsud zu, im 18. Jahrhundert dann auch in allerlei Varianten von Pasteten.
Am liebsten mag ich den Lachs in Riesling geschmort oder ganz einfach in der Folie gebacken.

Für 4 Personen:
1 Lachs (1,5–2 Kilo)
1 Schalotte
1 Sträußchen Petersilie
1 Zitrone
1 Fleischtomate
Salz

Lachs schuppen und ausnehmen, sorgfältig waschen und mit Küchenkrepp trocknen. Schalotte kleinhacken und mit der Petersilie, zwei Scheiben Zitrone und zwei Scheiben Tomate in den Bauch füllen. Salzen. In Silberfolie einwickeln und im sehr heißen Backofen bei ca. 230 °C 30–40 Minuten backen.
Vorsicht! Beim Braisieren ohne Folie, in etwas Weißwein, höchstens 20 Minuten! Dazu schmeckt am besten eine Kräutersauce.

Kräutersauce

2 Schalotten
Estragon
Weißwein
2 Eigelb
150 Gramm Buter
1 Eßlöffel Crème fraîche
Salz, Pfeffer
Petersilie, Schnittlauch
Kerbel

Schalotten und Estragon kleinhakken und in etwas Butter und einem Schuß Weißwein andünsten. Mit Pfeffer und Salz würzen und die Eigelb mit dem Schneebesen bei mäßiger Hitze einrühren. Sobald die Eigelb anfangen einzudicken, allmählich die flüssige Butter und zum Schluß die Crème fraîche einrühren.
Gehackte Petersilie, Schnittlauch und Kerbel zufügen, abschmecken.
In einer Saucière getrennt zum Fisch servieren.

Süri Fisch
Saure Fische

Für 6 Personen:
6 Flußbarsche, mittelgroß
1 Tasse Mehl
Öl

Für die Vinaigrette:
100 Gramm Zwiebeln oder Schalotten
1 Sträußchen Petersilie
Essig, Öl, Salz, Pfeffer
evtl. etwas scharfer Senf

Die Fische schuppen, ausnehmen und waschen.
Zwiebeln oder Schalotten und Petersilie kleinhacken; eine Vinaigrette aus Essig, Öl, Salz und Pfeffer rühren; Zwiebeln und Petersilie untermischen.
Die Fische in Mehl wälzen und im sehr heißen Öl ausbacken, etwa 7–10 Minuten auf jeder Seite, je nach Größe.
Die fertigen Fische mit Küchenkrepp abtupfen und anschließend auf eine Platte mit etwas höherem Rand legen. Die noch warmen Fische mit der Vinaigrette übergießen und kaltstellen.
Dieses einfache Gericht ißt man kalt; wenn es jedoch ein Hauptgericht sein soll, schmecken »G'schwelldi« (Pellkartoffeln) sehr gut dazu.

Riedlandschaft

Angeln in Illhaeusern

Flußkrebse im Sud

Bis zu Beginn unseres Jahrhunderts wimmelte es nur so in den elsässischen Bächen und Flüssen: Noch um die Jahrhundertwende waren Breusch, Scheer, Zorn, Moder und Ill voll von diesen zwickenden Tieren, die ich mir als Kind gar schrecklich vorstellte, da ich sie nur aus den Jugendromanen der Comtesse de Ségur kannte. Später hörte ich, daß sie einst den Dorfjungen zu gutem Taschengeld verhalfen, denn begehrt waren sie immer. Heute sind sie aus elsässischen Gewässern so ziemlich verschwunden. Wenn man sie kaufen kann, kommen sie meist aus Polen oder aus der Türkei.

Für 4 Personen:
16 Krebse (mindestens 4 pro Person)
2 Zwiebeln
3 Knoblauchzehen
3 Karotten
1 Stengel Staudensellerie
1 Stange Lauch
1 Liter trockener Weißwein (Sylvaner)
1/2 Liter Wasser
1 Gläschen Kirschwasser
1 Eßlöffel Kümmel
3–4 Gewürznelken
1 Lorbeerblatt
1 Zweig Estragon
Petersilie, Thymian
Salz und Pfeffer

Zwiebeln in Ringe schneiden, Knoblauch grob zerhacken. Das Gemüse waschen und kleinschneiden. Den Kümmel und die Gewürznelken in ein Stoffsäckchen binden. Aus Wein, Wasser und Kirschwasser einen Sud bereiten; alle Zutaten hineingeben, zum Kochen bringen und eine gute Stunde ziehen lassen. Mit den Gewürzen abschmecken.

Die Krebse in den kochenden Sud legen: Sie müssen ganz eingetaucht sein. 5 Minuten stark wallen lassen, dann die Hitze zurücknehmen und weitere 5 Minuten sieden lassen.

Die Krebse kann man aus dem Sud herausnehmen und kalt mit Mayonnaise als *Bouquet d'écrevisses* in einem runden Glasgefäß, straußförmig angerichtet, oder aber heiß im Sud mitsamt dem Gemüse servieren.

Escargots à l'alsacienne
Schnecken nach Elsässer Art

Daß ich die Schnecken dem Fischkapitel zuordne, mag den einen oder anderen Leser verwundern. Es hat aber durchaus seine Logik, denn Schnecken wurden von den Mönchen auf die elsässischen Speisezettel gebracht. Spätestens seit der Abt Bernhard Buchinger im Jahre 1671 sein »Koch-Buch so wol für Geistliche als auch für weltliche Haushaltungen…« in Molsheim veröffentlichte, weiß man, daß die Geschichte der Gastronomie nicht ohne den Einfluß der Klöster betrachtet werden kann und daß die Mönche alles andere als Asketen waren. Um so härter kam sie die Fastenzeit an. Aber offenbar regten gerade die auferlegten Einschränkungen die Phantasie der Küchenmönche an – jedenfalls galt Schneckenessen ebenso wie Fischessen nicht als Sünde… Die elsässischen Kapuziner-Klöster richteten sogar Schnecken-Zuchten ein und die Qualität ihrer Produkte war so überzeugend, daß sich auch allerlei weltliche Kunden bei ihnen eindeckten.

Wer mutig ist, sammelt die Weinbergschnecken nach einem starken Regenguß selbst. Mutig deshalb, weil die Vorbereitung der Tiere sensiblere Gemüter vielleicht doch etwas angreift… Mein Cousin Edmond (ein Elsässer in der Provence!) hungert sie zunächst eine Woche lang in einem Eimer aus. Danach werden sie in großen Mengen Wasser gewaschen und mit grobem Salz und etwas Essig ausgelaugt. Dieser groben Behandlung werden die Schnecken etwa 2 bis 3 Stunden ausgesetzt. Dann müssen sie erneut und mehrfach gewaschen werden. Danach werden sie in kochendem Wasser etwa 5 Minuten lang blanchiert. Zum Abtropfen gibt man sie in ein großes Sieb. Schließlich werden sie nochmals unter fließendem kaltem Wasser gespült. Jetzt kann man sie ganz leicht mit einer Nadel aus den Schneckenhäusern herausnehmen. Den dunklen Tragwulst entfernt man, und nun sind die Schnecken endlich zur eigentlichen Zubereitung fertig.

Rezept folgende Seite.

Escargots/Schnecken

Für den Sud:
1/2 Liter trockener Weißwein (Sylvaner)
1/2 Liter Fleischbrühe
Petersilienwurzel, 1 Zwiebel
1 Bouquet garni*
Pfeffer, Salz
1 Teelöffel Quatre épices

* Bouquet garni: Kleines Kräutersträußchen, das in Fleisch- oder Fischgerichten mitgekocht und vor Beendigung des Garens entfernt wird; besteht meist aus einem Lorbeerblatt, einigen Petersilienstengeln, einem Thymian- und/oder einem Rosmarinzweig.

Jetzt werden die Schnecken – ein Dutzend pro Person – 3 Stunden lang im Sud sanft gekocht.
Auch diese Arbeit kann man sich sparen, wenn man die Schnecken in der Dose kauft, was ausnahmsweise verzeihbar ist, zumal es durchaus Konserven guter Qualität gibt.

Für die Schneckenbutter, bei 6 Dutzend Schnecken:
250 Gramm Butter
2 Sträußchen Petersilie
6 Knoblauchzehen
Salz, Pfeffer
evtl. 1 Prise zerstoßene Aniskörner

Die Butter auf Zimmertemperatur bringen. Petersilie und Knoblauch sehr fein hacken und samt Pfeffer, Salz und Anis sorgfältig in die Butter einarbeiten. Die Schnecken zum Abtropfen in ein Sieb geben. Den Sud noch eine Weile einkochen lassen. Die Schneckenhäuser eine halbe Stunde auskochen und trocknen.
Nun wird in jedes Schneckenhaus ein halber Teelöffel Sud und eine Schnecke eingefüllt und anschließend mit der Schneckenbutter zugestrichen. In Schneckenpfannen oder ganz einfach in eine mit grobem Salz bestreute Kuchenform setzen und 10 Minuten bei starker Hitze (250 °C) im Ofen überbacken.

Cuisses de grenouilles en fricassée
Froschschenkel à l'alsacienne

Für 4 Personen:
4 Dutzend Froschschenkelpaare (mindestens)
1 Liter Wasser
1 Flasche Weißwein
1 Zwiebel
6 Gewürznelken
2 Knoblauchzehen
1 Lorbeerblatt
Petersilie, Kerbel
Salz, Pfeffer
50 Gramm Butter
1 Eßlöffel Mehl
1 Eigelb
1/8 Liter Sahne

Die ältesten elsässischen Kochbücher erwähnen keine Froschschenkelrezepte, obwohl es in der Chronik der Dominikaner von Colmar heißt, die Mönche hätten bereits im Jahre 1280 damit begonnen, Froschschenkel zu essen, die bis zu diesem Zeitpunkt als grauenvoll galten. Wie sie zubereitet wurden, weiß man also nicht, denn erst im 19. Jahrhundert findet man Froschschenkelrezepte in den Kochbüchern: sie werden entweder in einen flüssigen Pfannkuchenteig getaucht und in Fett gebacken oder als Frikassee zubereitet. Allerdings gab es in Straßburg mindestens seit dem frühen 17. Jahrhundert einen weithin bekannten »Froschmärik«, der bis ins 19. Jahrhundert jeden Freitag stattfand. In Colmar war das Fröschefangen bis zum Ersten Weltkrieg ein besonderes Vergnügen für die kleinen Jungen, die ihre Beute auseinandernahmen und die Schenkel auf kleine Stöckchen spießten. Damit zogen sie von Haus zu Haus, um sie feilzubieten und sich ein kleines Taschengeld zu verdienen.

Aus Wasser, Wein, der mit Gewürznelken gespickten Zwiebel, den Knoblauchzehen, dem Lorbeerblatt, der Petersilie und dem Kerbel einen Sud bereiten. Die Froschschenkel etwa zehn Minuten darin kochen. Herausnehmen und abtropfen lassen.
Froschschenkel in einer großen Pfanne in Butter leicht anbraten. Etwas Sud darübergeben und kurz aufkochen lassen.
In einem Glas erkalteten Sud einen Eßlöffel Mehl verrühren und über die Froschschenkel gießen. Einige Minuten köcheln lassen. Froschschenkel herausnehmen und warmstellen. Eigelb mit Sahne verquirlen und vorsichtig in die Sauce einrühren.
Dazu schmecken am besten selbstgemachte Nudeln.

Les viandes

Fleisch

Herde in Schoppenwihr

Im Jahre 1412 erließ die Stadt Straßburg eine Bestimmung, wonach es fortan verboten war, Schweine frei in der Stadt herumlaufen zu lassen und überhaupt Schweine innerhalb der Stadtmauern zu züchten! Erstaunlicherweise waren es hauptsächlich die Bäcker, die in der Stadt Schweineherden hielten, da vor allem sie die Möglichkeit hatten, sie zu ernähren. Gleichzeitig war es für sie ein ansehnliches »Zubrot«.

Bis weit ins 19. Jahrhundert lieferte das Schwein den größten Teil der fleischlichen Ernährung der Elsässer. Schon Karl der Große hatte die Verwalter seiner Lehnshöfe angewiesen, zahlreiche Schweineherden zu halten. Trotz der gewaltigen Schweine-Population im Elsaß reichte die Produktion im 14. und 15. Jahrhundert für den Eigenbedarf nicht aus, und die Elsässer »importierten« Schweine aus Lothringen und Schwaben.

In seiner *Teutschen Speisskammer* stellt Hieronymus Bock fest: »Jedermann weisst wann Cappes Kraut gut ist, nemlich zum hungerigten magen wan er wol bereit und die saw dadurch geloffen ist.« (Im Volksmund heißt es ja bis heute: »Besser a Lüs im Krüt ass gar ke Fleisch«.) Gegen Ende des 17. Jahrhunderts stellte Maugue, jener Pariser Arzt, der kein gutes Haar an den Eßgewohnheiten der Elsässer ließ, fest, daß »das frische oder gepökelte Schweinefleisch die Hauptnahrung der Elsässer darstellt«. Die Schweineschlächter bildeten zusammen mit den Pöklern und Wurstmachern eine der zwanzig in der Stadt Straßburg anerkannten Zünfte. Erst mit dem verstärkten französischen Einfluß im 18. Jahrhundert, der auch die Kochtöpfe erfaßt, erobert allmählich das Rindfleisch die elsässische Tafel. Rinder wurden zwar überall im Elsaß gehalten – gezüchtet wurden sie hauptsächlich im Sundgau –, aber im wesentlichen zum Zwecke der Milch- und Käseproduktion. Die großen Klassiker, die in allen erhaltenen Menükarten von Familien- und sonstigen Festen auftauchen, sind Pot-au-feu, Bœuf à la mode und Rinderzunge in Madeira-Sauce.
Lamm- und Hammelfleisch hingegen scheinen von alters her eine viel bedeutendere Rolle als Rindfleisch gespielt zu haben. Mag sein, daß dies mit der Tradition des Osterlammes zu erklären ist. Sicher auch mit der stark vertretenen jüdischen Gemeinde im Elsaß, für die das Schweinefleisch unrein war. Jedenfalls sind in Buchingers Koch-Buch allein sieben Hammelgerichte für den Herbst angeführt. Im Oberrheinischen Kochbuch aus dem frühen 19. Jahrhundert wird ein Rezept mit Hammelschwänzen und eines mit Hammelzungen angeboten. Nicht vergessen darf man die Rolle des Lammfleisches im grandiosesten aller elsässischen Fleischgerichte, im Baeckeofe…

Baeckeofe

Liewi Lit vum Owerland,
Im Steckelburjer isch's bekannt,
Was m'r e »Beckenofe« heißt,
Schrib's jeder uf, der wo's nit weißt.

Nimsch e irdri Deckelkaar
Brücht net koschber sin un rar,
Nit üs Sèvres, nit üs Meiße
Nit vum Limosch oder Preisse.

So e Sufflumgschirr duet's au,
Des het jedi hüsli Frau. –
Unte Schmutz nin, un vom beschte,
Nit ze weni – gisch'de – hesch de. –

Grumbeere ze Blättle g'schnitte,
Ningeleit un, in de Mitte,
E Stück Bläche, grüner Speck,
Oder Schambung, d'Schwart nit weg!

Grumbeere no wider drewer,
Lauewies un, rewer – newer,
Nin gezettelt' Pfeffer un Salz,
Hie un da e Nuss groß Schmalz.

Lorbeerbletter, e paar Riewle,
Näjele, zwei g'schpikti Ziewle,
Muschketnuß, e Knowlikiete –
Manchi kenne dis net liede.

's gibt au Lit wo Sürkrüt nemme,
Nur, gen acht!s' duet gern anbrenne.
C'est ça! Schitt no druewer nin
Zwei, drei Gläsle wisser Win.

Kannsch de Deckel druewer bloechle:
Dra's zuem Beck, er soll's lon koechle,
Bis d'r Mitdaseje lit,
Hesch de guede-n-Appetit. –

Kannsch's no hole. Ase heiß
uff de Disch… un: Hoppla Geiss!

Zu deutsch:

Liebe Leut' aus dem Oberland*,
Dem Steckelburger** ist bekannt,
Was man den »Baeckeofe« nennt,
Schreib's jeder auf, der ihn nicht kennt.

Man nehme einen irdnen Topf,
Er braucht nicht kostbar sein und rar,
Muß nicht aus Sèvres oder Meißen sein,
Auch nicht aus Limoges oder Preußen.

Geschirr aus Soufflenheim tut's auch,
Das besitzt jede Hausfrau.
Unten Fett rein, und zwar vom besten,
Nicht zu wenig – gibst du, dann hast du!

Die Kartoffeln, zu Blättchen geschnitten,
Hineingelegt, in der Mitte dazu,
Ein Stück Räucherspeck, grüner Speck
Oder Schinken, die Schwarte bleibt dran.

Kartoffeln wieder drüber,
Lagenweise, und ausgiebig
Pfeffer und Salz hineingestreut,
Hie und da auch eine Nuß Schmalz.

Lorbeerblätter, ein paar Rübchen,
Gewürznelken, zwei damit gespickte Zwiebeln,
Muskatnuß, eine Knoblauchzehe –
Manche können das nicht leiden.

Es gibt auch Leute, die Sauerkraut dazu nehmen,
Aber aufgepaßt! Das brennt gern an.
Das wär's. Drüber schüttet man dann noch
Zwei, drei Gläschen weißen Wein.
Jetzt kannst du den Deckel drüber geben;
Trag's zum Bäcker, er soll's köcheln lassen,
Und bis der Mittagssegen läutet,
Hast du einen guten Appetit. –

Dann kannst ihn abholen. So heiß, wie er ist,
Kommt er auf den Tisch... Und »Hoppla Geiß!«***

Diese im Jahre 1900 von Georges Rittleng verfaßte Eloge auf den Baeckeofe ersetzt im Grunde schon das Rezept. Dennoch lag mir – zur Sicherheit – daran, seine Worte in eine allgemein verständliche Sprache zu übersetzen, außerdem möchte ich ein etwas vollständigeres Rezept anbieten. Zuvor aber sollte noch ein Wort zur »Kulturgeschichte des Bäckeofe« gesagt werden. Ich erinnere mich, als Kind die Mär vom unterelsässischen Sonntagsessen gehört zu haben. Das Gericht sei einst ganz früh am Sonntag von der Hausfrau vorbereitet

* das Oberland entspricht dem Département Haut-Rhin, dem südlichen Teil des Elsaß
** Steckelburger: Spitzname der Straßburger
*** Hoppla Geiß! Ausruf, der etwa soviel bedeutet wie: So, jetzt kann's losgehen!

und vor dem Hochamt zum Bäcker gebracht worden. In diesem Ofen – daher der Name – habe es ebenso viele Stunden geschmort, wie damals ein Hochamt dauerte, und so habe man nach vollbrachter Sonntagspflicht das fertige Mittagessen beim Bäcker abholen können... Damals mochte ich kein Fleisch, und lange Zeit war ich der Meinung, elsässische Bäcker seien meine heimlichen vegetarischen Verbündeten. Wie sonst hätten sie den Sonntagmorgen statt in der Kirche in der Backstube verbringen können, noch dazu mit einer so unchristlichen Tätigkeit? Aber vermutlich war dies nichts als ein kindlicher Wahn... Denn später las ich, daß der Bäckeofe ein Montags-, ein Waschtagsgericht gewesen sei – was mir heute in der Tat sehr viel einleuchtender erscheint. Schließlich gilt beim Bäckeofe die Regel: je länger, desto besser, und auch zu Urgroßmutters Zeiten dauerte ein Hochamt keine vier oder fünf Stunden. Nein, in meiner Kindheit gingen die Frauen nach der Kirche nach Hause und kochten, während die Männer sich zum Frühschoppen in der Dorfkneipe versammelten. Wirklich lang war in jenen frühen Zeiten, als noch nicht jedermann (ich meine: nicht jede Frau) eine Waschmaschine besaß, der Tag, an dem die Wäsche der gesamten Großfamilie per Hand bewältigt werden wollte. Des Bäckers Dienste waren also am Montag gefragt, und die Bäckerzunft hatte den Schoß der Kirche niemals verlassen.

Baeckeofe:
Die Vorbereitungen

Baeckeofe

Für 8 Personen:
500 Gramm Lammfleisch (Hals oder Schulter)
500 Gramm Schweinefleisch (Schulter)
500 Gramm Rindfleisch
1 Schweinefüßchen
1 Schweineschwänzchen
2 Löffel Schweineschmalz (oder Öl)
1,5 Kilo Kartoffeln
500 Gramm Zwiebeln
2–3 Stangen Lauch
5–10 Knoblauchzehen, je nach Größe und Geschmack
2 Lorbeerblätter
2 Gewürznelken
Pfeffer, Salz

Marinade:
1 Liter Sylvaner oder Riesling
2–4 Karotten
1 Zwiebel
1 Stange Lauch
2 Knoblauchzehen
1 Lorbeerblatt
Pfeffer und Salz

Das Fleisch wird in mittelgroße Würfel geschnitten und 24 Stunden in eine Marinade aus Weißwein, gewürfeltem Gemüse und Gewürzen gelegt. Schweinefüßchen und -schwänzchen ebenfalls in die Marinade legen. Je nach Geschmack kann auch Thymian, Rosmarin und Sellerie hinzugefügt werden.
Das Fleisch abgießen, die Marinade aufbewahren. Das »Kar« (d. h. die große feuerfeste Terrine) mit Schweineschmalz einfetten. Danach die verschiedenen Zutaten schichtweise einfüllen: eine Lage fein geschnittene Kartoffeln, eine Lage

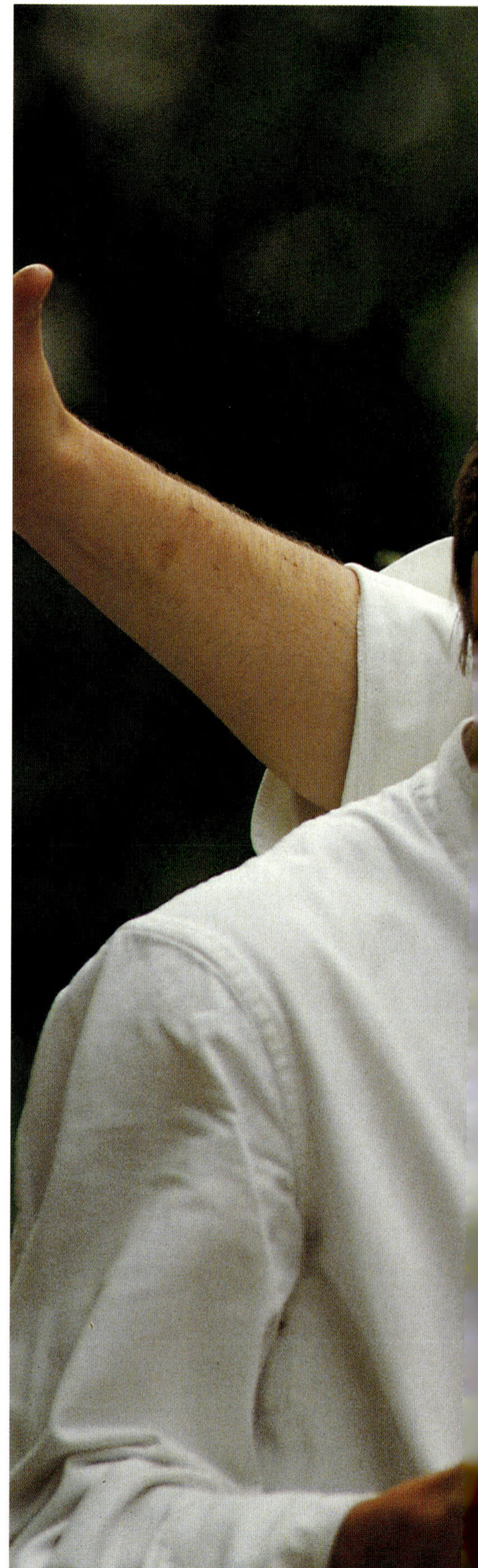

Baeckeofe auf dem Bollenberg

Au Vieux Pressoi

grob gehackte Zwiebeln, eine Lage Fleisch mit den Gemüsen der Marinade (Knoblauchzehen sowie Lorbeerblätter und Gewürznelken zwischen die Fleischstücke legen), eine Lage klein geschnittenen Lauch, wieder Zwiebeln und Kartoffeln. Pfeffer und Salz zwischen den verschiedenen Schichten nicht vergessen. Zum Schluß wird der Baeckeofe mit dem Wein der Marinade aufgefüllt (nötigenfalls mit einer neuen Flasche und nicht nur mit zwei–drei Gläschen wie im Gedicht!); die obere Kartoffelschicht soll nicht ganz bedeckt sein. Das Gefäß zudecken, und den Deckel mit einem Teig aus Mehl und Wasser abdichten.

Bei 170°C etwa vier Stunden im Backofen langsam garen lassen.

Vor dem Baeckeofe als Vorspeise etwas anderes als Salat zu servieren, wäre ein Fehler. Das Gericht ist alles andere als leicht, und der Duft, den es schon Stunden vor dem Essen im Haus verbreitet, ist derart bestimmend, daß ihm ohnehin nichts anderes standhält.

Baeckeofe, hausgemacht bei der Autorin

Baeckeofe von Arlette zubereitet

Bekanntlich hat die Gänsezucht im Elsaß eine lange, jüdisch geprägte Tradition (siehe Kapitel »Foie gras, S. 133). Warum also nicht das Schweine- durch Gänsefleisch ersetzen? Und warum nicht überhaupt alles andere Fleisch weglassen und sich auf Gänseschlegel beschränken? Dies pflegte meine Kollegin Arlette zu tun, wohl um einen weniger komplexen, feineren Geschmack zu erzielen und dies war auch ihr Plan, als sie mich eines Tages zu einem Baeckeofe einlud. Tags zuvor hatte sie ihren Mann beauftragt, auf den Markt zu gehen und die Zutaten einzukaufen. Dieser aber verlangte nicht ausdrücklich Gänseschlegel, sondern deutete auf etwas, das wie Gänseschlegel aussah, und wollte »davon« haben. Was er bekam, war Ente, und Arlette war entsetzt. Ihr war bang vor dem Ergebnis, sie fürchtete, das Fleisch würde trocken. Dem war nicht so, ganz und gar nicht. Die Kreation war unglaublich delikat, auf den Lauch hatte sie verzichtet, dafür ein wenig Fenchel beigegeben. Ein großer Erfolg, der seitdem mehrmals von mir – und von anderen vielleicht auch – nachgekocht wurde.

Ja, warum nicht? Schließlich bietet Marc Haeberlin seinen Gästen in der Auberge de l'Ill ja sogar einen »Petit Baeckaoffa« (Illhäusern ist im Oberland, daher die andere Aussprache!) mit Trüffeln an. Wenn Essenszeit sei, habe der Bäcker am Montagmittag sowieso keinen Hunger mehr, er müsse ja aus jedem Topf probieren, meint Marc Haeberlin augenzwinkernd. Also habe er für derlei Appetitgebremste einen besonders leichten Baeckaoffa erfunden: mit Trüffel und Lammfilet.

Sürkrüt
Elsässisches Sauerkraut

S*ürkrüt, tu es le blason de la province!* – »Sürkrüt, du bist das Wappen des Elsaß«, schwelgte der Soziologe Julien Freund in seinem »Lob des Sauerkrauts«. Sein Aufsatz, der 1966 in der Zeitschrift »Saisons d'Alsace« erschien, zählt meines Erachtens zu den schönsten Seiten Literatur mit gastronomischem Thema. Ich kann es mir nicht verkneifen, ausgiebig daraus zu zitieren: »Die so besondere und einmalige Eigenschaft des Gerichts hat tiefere Gründe, oder besser: genußvollere, erquicklichere Gründe. Der beste Hasenpfeffer bleibt, während der ganzen Zeremonie des Essens, nichts als Hasenpfeffer... Von der ersten bis zur letzten Gabel, vom ersten bis zum letzten Bissen bleiben Geschmack und Duft sich selbst treu, es gibt keine Metamorphose und keine scheinbare Selbstverleugnung des Hasenfleisches. Irgendwo ist der Geschmack auch Eintönigkeit.

Das Sauerkraut hingegen ist ohnegleichen. Das Gemüse bleibt zwar unwan-

delbar, aber jede Gabelvoll verbindet sich mit einem neuen Duft. Von der Blutwurst bis zum grünen Speck, vom Schiefele bis zum Räucherspeck, von der Knackwurst bis zum Fleischklößchen: eine ganze Palette verschiedener Gerüche umschmeichelt nacheinander die Nase, eine Folge verschiedener Beigaben kitzelt den Gaumen. Dieses ganze unentwegt erneuerte Spiel der Kontraste und der Überraschungen inspiriert und würzt die Nuancen bis ins Unendliche. Es ist die Einheit in der Vielfalt, die Harmonie in der Diskordanz, die Wahlverwandtschaft in der Andersartigkeit. Eine konkrete und materielle Dialektik. Vielleicht. Aber derjenige, der Sauerkraut genießt, kümmert sich nicht darum. Alle Metaphysik ist in seinem Teller.«

mals mein Mann wurde. Aber er erwies sich als lernfähig: offenbar hatte er bis zu diesem Zeitpunkt nur langweilige *Choucroutes de restaurants* gegessen (das Abschätzigste, was ein Elsässer über sein Nationalgericht äußern kann); inzwischen beklagt er sich, wenn Choucroute zu selten auf dem winterlichen Speiseplan steht. Er hält es mit Hieronymus Bock, der in seinem *Kreutterbuch* erklärt: »Der Sauercappes ist gut für den hitzigen Magen, darum sollen die Cappes essen, die stättig gross arbeit thun… Der Sauercappes macht lust zum essen und leschet den durst.« An dieser letzten Äußerung allerdings wage ich zu zweifeln, es sei denn, der Riesling, in dem das elsässische Sauerkraut gekocht werden muß, wird auch während des Essens getrunken.

Sauerkrautstampfer!

Mir ist nur ein einziger Mensch begegnet, der in Zweifel zu ziehen wagte, daß Sauerkraut das elsässische Gericht par excellence ist, und vor allem, neben dem Baekkeofe, das gewaltigste an Geschmack und Duft. Das war mein Mann; seine Einstellung hätte fast dazu geführt, daß er nie-

Sürkrüt
Elsässisches Sauerkraut

Für 6–8 Personen:

- 2 Kilo Sauerkraut
- 4 Eßlöffel Gänse- oder Schweineschmalz
- 2–3 Zwiebeln
- 500 Gramm Räucherspeck
- 500 Gramm gesalzener Speck
- 1 Schiefele (Schäufele, geräucherte Schweineschulter)
- 2 Schweineschwänze
- 3 Knoblauchzehen
- 1/2 Liter Riesling
- 1 Lorbeerblatt
- 2 Dutzend Wacholderbeeren
- 2 Gewürznelken
- 1 Teelöffel gemischte Pfefferkörner
- 1 Kilo kleine Kartoffeln
- 4 Paar Knackwürste (Saucisses de Strasbourg)
- und andere Würste (geräucherte Würste)

Choucroute bei Caty

Das Sauerkraut unter fließendem Wasser waschen, um es zu entsalzen; ausdrücken. In einem großen gußeisernen Topf die Zwiebelscheiben im Schmalz andünsten. Die Hälfte des Sauerkrauts in den Topf geben. Speck, Fleisch und Schwänzchen, sowie die verschiedenen Gewürze darauf verteilen, den Rest des Sauerkrauts dazugeben. Mit dem halben Liter Riesling übergießen und gut zwei Stunden auf der mäßig heißen Herdplatte oder im Backofen bei 170 °C garen. Hin und wieder prüfen, ob noch genügend Flüssigkeit vorhanden ist, damit das Kraut nicht anbrennt; wenn nötig etwas Riesling nachgießen. Erst ganz zum Schluß darf sich – das ist Geschmackssache – das Kraut unten etwas rostrot färben. Mein Großvater soll darauf bestanden haben und in der Familie wird überliefert, daß sein Spruch dazu lautete: »Sürkrüt esch erscht güat, wann d'r Fuchs d'r Schwanz durchgazoga het«, es schmeckt erst dann, wenn der Fuchs den Schwanz durchgezogen hat.

Etwa 1/2 Stunde vor Ende der Garzeit die geschälten Kartoffeln und die geräucherten Würste dazulegen. Die Straßburger Würste im Wasser sieden. Bratwürste, falls solche dazu serviert werden, in der Pfanne braten.

Sauerkraut auf einer großen Platte anrichten, Speck und Fleisch schneiden und dazulegen, ebenso die Kartoffeln.

Was das passendste Getränk zum Sauerkraut anbelangt, da scheiden sich auch im Elsaß die Geister. Ich bin eine ziemlich dezidierte Befürworterin des Rieslings, bzw. des Weines, der auch zum Kochen verwendet wird. Aber viele Elsässer ziehen es vor, zum Sürkrüt ein kühles Bier zu trinken. Und da ich auch in Sachen Essen und Trinken stets Toleranz predige, habe ich es mir angewöhnt, trotz meiner notorischen Bier-Abneigung meinen Gästen beides, Riesling oder Bier, anzubieten.

Morgenstimmung
bei Niedermorschwihr ▷

Zur Metaphysik des Sauerkrauts zum Schluß noch einmal Julien Freund: »Das Sauerkraut ist tolerant, denn es scheint selbst schon ein Schmelztiegel von Widersprüchen zu sein. Nicht etwa, daß es einer sogenannten gastronomischen Neutralität das Wort reden würde, die sich mit sämtlichen Irrlehren abfindet, es duldet nur keinen Dogmatismus, billigt hingegen alle individuellen Vorlieben… jeder Magen findet im Sauerkraut sein Glück.«

Söimawe in Soufflenheim

G'fellte Söimawe
Gefüllter Saumagen

Nicht nur Schweinemagen, auch Hammel-, Kalbs- und Rindsmagen waren, vor allem im Norden des Elsaß, beliebte Gerichte. Der Abt Buchinger schlägt bereits mehrere Rezepte vor, allerdings ohne Kartoffeln, die ja bekanntlich erst ein Jahrhundert später ihren Siegeszug durch Europa erlebten.

Für 6 Personen:
1 Schweinemagen

Füllung:
500 Gramm Hackfleisch vom Schwein
750 Gramm Kartoffeln
2 Karotten
1 Stange Lauch
3 Zwiebeln
2 Schalotten
1 Strauß Petersilie
3 Zweige Bohnenkraut
Pfeffer, Salz
3 Eier

Zum Braten:
4 Eßlöffel Öl
1/2 Liter Wasser
1/4 Liter Sylvaner
1 Eßlöffel Mehl
Salz und Pfeffer

Den Magen sorgfältig waschen und mit grobem Salz sauberreiben. Ausspülen und mit einem Küchentuch trocknen.
Kartoffeln und Gemüse schälen, kleinschneiden und waschen. Zwiebeln, Schalotten und Petersilie kleinhacken. Alle Zutaten der Füllung mischen, Pfeffer und

Salz zufügen und in etwas Öl (oder Butter) eine gute Viertelstunde lang dünsten. Abkühlen lassen. Die Eier schlagen und der Füllmasse beigeben. Den Magen füllen und mit einer Spicknadel zunähen.
Den gefüllten Magen in einem gußeisernen Bräter anbraten (nicht zu scharf, sonst könnte er platzen), mit Wein und Wasser auffüllen. Die Flüssigkeit salzen. In den auf 140 °C vorgeheizten Backofen schieben und etwa 2 1/2 Stunden garen.
Den Schweinemagen herausnehmen, die Sauce einkochen lassen. Mehl mit etwas Weißwein verrühren, die Sauce damit binden.
Dicke Scheiben aufschneiden und einen grünen Salat dazu servieren.
Ich muß gestehen, daß die Zubereitung dieses Gerichts sehr aufwendig ist und… daß ich Saumagen am liebsten bei einem guten Metzger fertig kaufe. Wenn ich im Winter gelegentlich nach Soufflenheim komme, mache ich bei Monsieur Sandrock halt. Bei ihm gibt es auch häufig fertige »Grumbeerewurscht«.

Grumbeerewurscht
Kartoffelwurst

Grumbeerewurscht ist lediglich eine Variante des gefüllten Saumagens. Wenn man anstelle eines Schweinemagens den Dickdarm eines Rindes verwendet, kann man das gleiche Gericht in kleineren Portionen herstellen. Der gefüllte Darm wird an beiden Enden abgebunden, daher die Wurstform. Natürlich kann man bei der Füllung seiner Phantasie freien Lauf lassen und sich neue Zutaten ausdenken: vielfältigere Gewürze, Kraut statt Lauch, Speckwürfel etc.…

Süresse
Innereien vom Schwein

Für 6 Personen:
- 1–2 Schweinenieren
- 1 Schweineherz
- 500 Gramm Schweineleber
- 250 Gramm Lunge vom Schwein
- 50 Gramm Butter
- 2 Zwiebeln
- 3 Eßlöffel Mehl
- 1/4 Liter Edelzwicker
- 1 Glas Fleischbrühe
- 1 Kräutersträußchen
- 1 Lorbeerblatt
- Salz, Pfeffer
- 1 Schuß Essig

Nieren der Länge nach einschneiden, die Gefäße heraustrennen, die Nieren gut wässern. Die Innereien in gleichmäßige kleine Stücke schneiden. Die Zwiebeln kleinhacken und in etwas Butter in einem großen gußeisernen Bräter anschwitzen. Die Innereien zugeben, etwas Butter zufügen und anbraten. Mit Mehl bestäuben und bräunen lassen. Mit dem Weißwein und der Fleischbrühe ablöschen. Kräuter hinzugeben, salzen und pfeffern. 50 Minuten sanft köcheln lassen. Im letzten Augenblick einen Schuß Essig zufügen, umrühren, abschmecken und mit Pell- oder Salzkartoffeln servieren.

Süri Rüawa
Saure Rüben

Süri Rüawa haben Tradition im südlichen Elsaß und ganz besonders im Haut-Rhin, in der Gegend von Colmar. Im Prinzip werden sie wie Sauerkraut zubereitet. Auch die Konservierung erfolgt nach derselben Methode wie beim Sauerkraut. Die Steckrüben werden in feine Streifen geschnitten und in Fässer gefüllt, wo sie gesalzen und gepreßt werden. Meines Wissens gibt es die sauren Rüben nirgendwo anders als im Elsaß zu kaufen; nur im Winter, beim Metzger oder im gut sortierten Supermarkt.

Für 6 bis 8 Personen:
2 Kilo saure Rüben
2 Zwiebeln
3 Eßlöffel Gänse- oder Schweineschmalz
3 Knoblauchzehen
2 Gewürznelken
1 Lorbeerblatt
1 Dutzend Wacholderbeeren
Pfeffer
1/2 Liter Sylvaner
1/2 Liter Wasser
1 geräucherte Schweineschulter (Schiefala)
300 Gramm Räucherspeck
300 Gramm gesalzener Speck
300–400 Gramm Würste (Bürabrotwerscht oder sonstige)
1 Kilo kleine Kartoffeln

Die in Scheiben geschnittenen Zwiebeln in einem großen gußeisernen Topf in Schmalz andünsten. Die gesalzenen Rüben waschen, abtropfen lassen und ausdrücken. Etwa die Hälfte in den Topf geben, Schiefala und Speck darauflegen. Den in Streifen geschnittenen Knoblauch, alle Gewürze zufügen und pfeffern. Die restlichen Rüben darübergeben. Mit Wein und Wasser übergießen. Zum Kochen bringen. Mit aufgelegtem Deckel gut zwei Stunden im auf 180 °C vorgeheizten Ofen garen.
Die Würste in den letzten fünf Minuten auf die Rüben legen. Bratwürste gegebenenfalls extra braten.
Kartoffeln entweder im Ofen backen oder mit der Schale kochen.
Fleisch aus dem Topf nehmen und schneiden. Rüben auf einer großen Platte anrichten, mit den Fleischstücken, den Würsten und den Kartoffeln garnieren. Sehr heiß servieren.

Langue de bœuf au madère
Ochsenzunge in Madeira

Für 8 Personen:
1 gepökelte Ochsenzunge
Für den Sud:
2 Liter Wasser
2 Lorbeerblätter
2 Knoblauchzehen, 1 Zwiebel
3 Gewürznelken
2 Karotten
1 Stengel Staudensellerie
Petersilie, Kerbel
Für die Sauce:
100 Gramm Butter
4 Eßlöffel Mehl
1 Glas Sylvaner oder Pinot blanc
1/2 Liter Fleischbrühe
1 Liter Sud (s. oben)
250 Gramm Champignons, Petersilie
1/2 Glas Madeira

Die Zunge sorgfältig waschen und mit grobem Salz abreiben. Mit kaltem Wasser abspülen. Über Nacht in klarem Wasser liegen lassen.
Einen Sud aus 2 Liter Wasser, Lorbeerblättern, Knoblauchzehen, der mit den Gewürznelken gespickten Zwiebel, den zerkleinerten Karotten und dem Sellerie ansetzen. Zum Kochen bringen. Die Zunge hineingeben und zwei Stunden sieden. Die Zunge herausnehmen, kurz in ein kaltes Wasserbad legen, die Haut vom Zungenansatz zur Spitze hin abziehen. In Scheiben schneiden und warmstellen. 2/3 Butter in einer Kasserolle auslassen. Das Mehl einrühren und leicht bräunen lassen. Mit Wein und Fleischbrühe ablöschen. Eine gute Viertelstunde köcheln lassen.
Champignons waschen und in Scheiben schneiden. In der restlichen Butter andünsten. Salzen und pfeffern. Champignons und Madeira der Sauce beifügen. Die Zungenscheiben hineinlegen und weitere 10 Minuten köcheln. Mit gehackter Petersilie bestreuen und mit Pellkartoffeln servieren.

Jambon en croûte
Schinken im Brotteig

Ein ideales Gericht für größere Feste. Wer auch ohne Party-Anlaß Lust hat auf eine Portion saftigen Schinken in Brotteig, sollte ganz einfach in eine der Straßburger Winstuben gehen, am besten ins Hailich Graab (Adresse S. 191), wo es meines Erachtens den besten gibt. Und am allerbesten schmeckt er am späten Vormittag, wenn er frisch aus dem Ofen kommt.

Für mindestens 15 Personen:
- 1 frischer Schinken von ca. 2 Kilogramm
- 1 Flasche Sylvaner
- 1 Liter Wasser
- 2–3 Zwiebeln
- 2 Karotten
- 1 Stange Lauch
- 1 Stengel Staudensellerie
- 1 Zweig Thymian
- 1 Lorbeerblatt
- Pfeffer, Salz
- 1,5 Kilo Brotteig oder Mürbeteig
- 2 Eigelb

Wenn man beim Metzger einen Schinken bestellt, kann man ihn etwa in der gewünschten Größe, leicht gesalzen und etwas angeräuchert bekommen. Letzteres muß nicht sein, gibt dem Schinken aber einen besonders feinen Geschmack. Den Schinken in einen großen Topf legen und mit Weißwein und Wasser übergießen. Gemüse soweit nötig waschen und kleinschneiden, mit den Kräutern und dem Gewürz in den Sud geben. Den Schinken keinesfalls kochen, nur sieden (bei etwa 80 °C) und zwar 45 Minuten pro Kilo Fleisch.
Den Schinken im Sud abkühlen lassen. Wenn er lauwarm ist, nimmt man ihn heraus und schneidet die Schwarte weg. Den Brotteig (den man der Einfachheit halber beim Bäcker kaufen kann) etwa 1/2 cm dick ausrollen und den Schinken darin einpacken. Den Teigrand mit Wasser befeuchten und festdrücken. Eine Öffnung für den »Kamin« in den Teig schneiden, die Oberfläche mit Eigelb bestreichen.
Gut zwei Stunden im auf 170 °C vorgeheizten Ofen backen.
In den Straßburger Winstuben bekommt man dazu einen grünen Salat oder einen Kartoffelsalat serviert.

Auf die ehemalige Charcuterie Fincker in Colmar weist das vom Maler Hansi entworfene Schild hin.

La volaille

Geflügel

Ich kann mir gut vorstellen, daß die Hühnerhöfe im alten Elsaß die unseren überboten, nicht was die Vielfalt der Arten betraf, sondern die Üppigkeit ihrer Bevölkerung. Beweis dafür sind die unzähligen Abgaben und Steuern, die in Form von Hühnern und Kapaunen zu entrichten waren und denen fast alle Häuser und aller Grund und Boden unterlagen, sei es zugunsten der Fürsten, sei es zugunsten der Klöster. Die klösterlichen Refektorien und die Küchen des Adels waren ein gähnender Abgrund, in dem jährlich eine Welt von Federvieh verschwand. Welch sonderbare Ideen doch die Gelehrten haben! Sie mühen sich ab, in der feudalen Symbolik die Rechtfertigung für Abgaben zu finden, die sich mit dem Appetit der Ritter und der Freßsucht der Mönche so leicht erklären lassen. Dahin führt es eben, wenn man nicht weiß, daß Geflügelfleisch, das der Kapaune ganz besonders, bei unseren Vätern ganz oben in der Skala der gastronomischen Genüsse stand. Tauben, Enten und Gänse genießen bei weitem nicht die Ehre einer solchen Wertschätzung. Ihr schweres, grobes Fleisch, meint Hieronymus Bock, erfordere kräftige Mägen und konveniere nur sehr gesunden Leuten. Im 15. Jahrhundert kam der Pfau nur in den Hühnerhöfen der Adeligen vor, die ihn bei Festessen auftischen ließen. Das ganze Mittelalter über tat man ihm die Ehre an, ihn als die Nahrung der Liebespaare und als das Fleisch der tapferen Ritter zu betrachten. Im 16. Jahrhundert

jedoch ließ sein Ruhm nach. Natürlich waren es auch wieder die Adligen, die als erste den Truthahn aus den Händen der Jesuiten empfingen. Mit der Freiheit* haben sie sich dann überall verbreitet; ich rede von den Truthähnen. Man sieht also, daß Jesuiten auch ihr Gutes haben. Ach ja, wenn wir ihnen nur dies und nichts anderes verdankten!...«
Charles Gérard, *L'Ancienne Alsace à table (Zu Tisch im alten Elsaß), 1862*

* »Mit der Freiheit« d. h. nach der Französischen Revolution.

Coq au Riesling
Huhn in Riesling

Für 4 Personen:
1 Huhn von etwa 1,5 Kilogramm
2 Eßlöffel Öl
50 Gramm Butter
2 Zwiebeln
2 Knoblauchzehen
1 Gläschen Tresterschnaps (Marc de Riesling)
1/4 Liter Riesling
1/8 Liter Sahne
1 Eigelb
1 Eßlöffel Mehl
150 Gramm Champignons
Pfeffer, Salz, Muskat
Petersilie

Das Huhn zerlegen; die Stücke in einem gußeisernen Bräter (meine Tante nannte so etwas »a Depfi«) in Öl und etwas Butter anbraten. Würzen und die kleingehackten Zwiebeln und Knoblauchzehen hinzufügen. Wenn das Ganze goldgelb ist, mit etwas Marc übergießen und flambieren. Mit Riesling ablöschen und gut eine halbe Stunde sanft köcheln.
Inzwischen werden die in Scheiben geschnittenen Champignons in der restlichen Butter angedünstet und dem Huhn beigefügt. Noch einige Minuten ziehen lassen und den Topf vom Feuer nehmen. Das Eigelb mit der flüssigen Sahne und dem Mehl kräftig schlagen und unmittelbar vor dem Servieren in die Sauce einrühren. Mit gehackter Petersilie bestreuen.
Am besten schmeckt Coq au Riesling mit hausgemachten Nudeln oder Spätzle.

Gefüllte Ente nach Tante Amélie

Für 6 bis 8 Personen:
1 junge Ente, etwa 1,5 Kilogramm
50 Gramm Butter oder Entenschmalz
1 Glas trockener Weißwein

Füllung:
200 Gramm Dörrzwetschgen (entsteint)
1 Gläschen Zwetschgenschnaps
etwas Butter, 1 kleine Zwiebel
Petersilie
1 dicke Scheibe trockenes Weißbrot
1 Tasse Milch
150 Gramm Geflügelleber
300 Gramm Hackfleisch vom Rind
Thymian, Salbei (in Maßen), Muskat
Pfeffer, Salz

Die Dörrzwetschgen über Nacht in Zwetschgenschnaps einlegen. Die kleingehackte Zwiebel und die Petersilie in etwas Butter andünsten. Das Weißbrot in die lauwarme Milch eintauchen und nach einigen Minuten ausdrücken. Zwetschgen und Geflügelleber durch den Fleischwolf drehen.
Zwetschgen, Leber, Weißbrot, gedünstete Zwiebel und Petersilie mit dem Hackfleisch und den Gewürzen vermengen. Pfeffer und Salz beifügen.
Die Ente mit der Masse füllen, zunähen, mit Salz bestreuen.
In einem gußeisernen Bräter in Butter oder Entenschmalz anbraten und in den vorgeheizten Backofen (180°C) schieben. Etwa 60 bis 80 Minuten braten, hin und wieder mit etwas Weißwein begießen. (Möchte man die Ente gut durchgebraten, so muß beim Anstechen der austretende Fleischsaft farblos sein.)

G'fellti Gans
Gefüllte Gans

Das Gänseliesel (Gänsemariandel oder Ganselpeter, oder wie immer sie hießen) ist längst verschwunden aus der elsässischen Dorflandschaft. Ein bronzenes Exemplar steht in Straßburg im Orangerie-Park, und viele Illustrationen des patriotischen Malers Hansi werden noch einige Jahrzehnte lang verhindern, daß wir völlig vergessen, daß es einst für Gänse in jedem elsässischen Dorf ein wohlorganisiertes Sozialleben gab. Ein Hirte zog jeden Morgen um die gleiche Stunde durch die

Die Gänseliesel im Straßburger Orangerie-Park

Straßen und sammelte seine Herde ein, die ihm willig ins Grüne, auf eine Wiese außerhalb des Dorfes folgte. Abends kehrte er zurück ins Dorf und die Gänse – die der Volksmund aus unerfindlichen Gründen für dumm erklärt, obgleich sie den schärfsten Wachhund ersetzen – gingen unaufgefordert in kleinen Gruppen in ihren jeweiligen Hof zurück. Heute darf kein Bauer mehr eine größere Gänseherde im Dorf selber halten. Auch die Dorfbevölkerung will gegen Lärm geschützt sein. Was aber keineswegs bedeutet, daß die Gans den elsässischen Tisch verlassen hat. Ganz im Gegenteil. Dieses großzügige Tier liefert allerlei hervorragende Dinge, nicht nur die Daunen, auf die wir unser müdes Haupt so gerne betten, sondern vor allem Eßbares, und zwar vom Köstlichsten. Von der Stopfleber ist an anderer Stelle die Rede. Das Fleisch kann auf vielerlei Art zubereitet werden; auch geräuchert schmeckt es köstlich. Die Tradition der Martinsgans ist leider ein wenig in Vergessenheit geraten – am 11. November wurde damit das Ende des landwirtschaftlichen Jahres gefeiert. Der Bauer rechnete mit seinem Herrn ab und schloß den neuen Pachtvertrag für das kommende Jahr. Jetzt konnte man, nach allen eingebrachten Ernten, einer etwas ruhigeren, besinnlicheren Zeit entgegensehen. Dies mußte gefeiert werden, und zwar mit einer gefüllten Gans.

Für 8–10 Personen:
1 Gans (von etwa 4 Kilo, keine Mastgans)
1 Liter helles Bier
250 Gramm Karotten
3–4 Zwiebeln
1 Stange Lauch
1 Kräutersträußchen

Fülle:
250 Gramm trockenes Weißbrot
1 Tasse Milch
150 Gramm Schalotten
4 Eßlöffel Gänseschmalz
350 Gramm Eßkastanien
150 Gramm Gänseleber (keine Foie gras)
250 Gramm Gänsemagen
250 Gramm gesalzener Speck
Petersilie, Kerbel, Schnittlauch
etwas Salbei
4 Knoblauchzehen
5 Eier
Salz, Pfeffer

Die Gans ausnehmen und absengen, um die letzten Federkiele zu entfernen. Die Enden der Flügel, die Keulen sowie den Hals abschneiden (Vorsicht: die Haut des Halses sollte erhalten bleiben, damit man die Öffnung später gut zunähen kann!).
Zubereitung der Füllung:
Das Brot in lauwarme Milch einweichen. Schalotten kleinhacken und in etwas Gänseschmalz (oder, falls nicht vorhanden, in Butter) anschwitzen. Kastanien einschneiden und eine Viertelstunde kochen; beiseitestellen. Magen anbraten und 20 Minuten dünsten. Brot ausdrükken. Speck, Leber und Magen kleinhakken, bzw. samt Brot durch den Fleischwolf drehen. Kräuter und Knoblauch kleinhacken. Alle Zutaten in eine große Teigschüssel geben und mit den Eiern gut vermischen. Salzen und pfeffern.
Das Innere der Gans salzen und pfeffern. Die Füllmasse nicht zu prall einfüllen und die Öffnungen zunähen.
Gänseschmalz (oder anderes Fett) in einen großen gußeisernen Bräter geben. Die Gans außen mit Salz und Pfeffer bestreuen. Die Gemüse (Karotten, Zwiebeln, Lauch) kleinschneiden und mit dem Kräuterstrauß in den Bräter geben. Die Gans auf dieses Gemüsebett legen. Mit

dem Bier übergießen und in den auf 200 °C vorgeheizten Ofen schieben.
2 1/2 bis 3 Stunden braten und in regelmäßigen Abständen mit dem Bratensaft, eventuell auch noch mit etwas zusätzlichem Bier übergießen. Vor dem Servieren Fett abschöpfen. Des Anblicks wegen sollte man die Gans erst auf dem Tisch zerlegen und in Portionen schneiden. Rotkraut mit Eßkastanien ist die ideale Beilage.

Wantzenauer Mischtkrätzerle
Küken aus der Wantzenau

Die Robertsau, ein nördlicher Vorort von Straßburg, war über Jahrhunderte der Gemüsegarten der elsässischen Hauptstadt; inzwischen ist dieses Quartier leider etwas wirr verbaut, nur noch wenige Gemüsebauern konnten es sich bis heute leisten, ihren Grund und Boden nicht an Immobilienhaie zu verhökern. Ähnliches gilt für die Wantzenau, noch ein Stück weiter nördlich gelegen, die gewissermaßen die Geflügelfarm von Straßburg – aber nicht nur von Straßburg – war. Nach 1870 erreichten die Hühner aus der Wantzenau einen ähnlichen Bekanntheitsgrad wie später die Bresse-Hühner und wurden, ihrer besonderen Qualität wegen, in großen Mengen nach Paris exportiert. Der Transport erfolgte in bestimmten Körben, die die Elsässer »Bulle« nannten – wer sich jemals für die elsässische Sprache interessiert hat und weiß, daß die Elsässer wegen ihrer Unfähigkeit, ein »p« von einem »b« zu unterscheiden das Gespött der Franzosen sind, erkennt die Nähe von »Bulle« und »Poule«.

Der Ruf der Wantzenauer Hühner hatte sicherlich mit der besonderen Aufzucht und Ernährung zu tun. Aus Gründen der Rentabilität ließ man die Eier von Truthennen ausbrüten, nicht etwa im Hühnerstall, sondern im Schlafzimmer des Hauses – ein Fall für den Hühnerpsychoanalytiker! (Solche Praktiken habe ich selbst noch in meiner Kindheit erlebt, allerdings handelte es sich damals um junge Gänse!) Danach genossen sie eine ganz besondere Ernährung, bestehend aus Hirse, Gerstenmehl und Milch. Aber wie ihr Name es schon erkennen läßt, durften die Mischtkrätzerle wohl zumindest im Areal des Bauernhofes frei herumlaufen und sich ganz ungehemmt auf dem Misthaufen verlustieren. Vielleicht trug auch dies zum spezifischen Geschmack bei ...?

Für 4 Personen:
4 Küken (aus der Wantzenau, wenn möglich)
Pfeffer, Salz
60 Gramm Butter
Thymian oder Estragon

Küken rupfen, absengen, um die Federkiele zu entfernen, ausnehmen. (Ein guter Geflügelhändler erledigt das alles für seine Kunden!) Innen mit Salz und Pfeffer bestreuen und je einen Zweig Thymian oder Estragon in den Bauch stecken. In einer gußeisernen Pfanne in Butter scharf anbraten und anschließend etwa 25 Minuten im 180 °C heißen Ofen schmoren. Mit einem grünen Salat servieren.

Riedlandschaft in Marckolsheim ▷

Le gibier et le lapin

Wild und Kaninchen

Kaiser Friedrich Barbarossa besuchte das Elsaß häufig zum Jagen, mit Vorliebe durchstreifte er den Hagenauer Forst. Heute kommen keine Kaiser mehr zur Jagd; meines Wissens hatte nicht einmal Wilhelm II. eine Flinte im Gepäck, als ihm die Stadt Schlettstadt die eigens für ihn restaurierte Hohkönigsburg schenkte – allerdings gab es damals im Elsaß auch längst keine Bären mehr. Gelegentlich treffen sich in dieser Landschaft noch hohe Staatsleute; die politisch-gastronomischen Rendezvous von Valéry Giscard d'Estaing und Helmut Schmidt in den siebziger Jahren im Blaesheimer »Bœuf« sind in die Geschichte eingegangen. Ich vermute, daß die beiden Herren dort Gelegenheit hatten, von den Fasanen zu kosten, die man im Herbst so oft auf der kleinen Straße zwischen Krautergersheim und Bläsheim antrifft.

Der Straßburger Meiselocker

Das Elsaß ist dennoch ein beliebtes Jagdgebiet geblieben, obwohl das Jagdrecht hier seit dem späten 19. Jahrhundert sehr viel strenger reglementiert ist als im übrigen Frankreich. Es gelten hier nach wie vor an das deutsche Jagdrecht angelehnte Regeln, was u. a. zur Folge hat, daß Jagen hier zwar ein etwas kostspieliges Hobby ist; aber neben dem Recht zur Jagd besteht hier auch die Pflicht zur Hege des Wildes, wodurch der Bestand und die Artenvielfalt garantiert sind. Nirgendwo anders in Frankreich trifft man auf so zahlreiche Hasen, Rehe, Hirsche oder Wildschweine, aber auch auf Fasane, Wildenten und Rebhühner. Als exklusivstes Wildgericht galt im 17. Jahrhundert gebratener Auerhahn; er wurde nur an fürstlichen Tafeln serviert. Bereits im Mittelalter aßen die Elsässer mit Vorliebe Singvögel. Spatzen galten als eine ganz spezielle Delikatesse, die besonders für Kranke und Genesende empfohlen

wurde. In seinem »Koch-Buch« von 1661 erklärt Buchinger jedoch lakonisch: »Spatzen sind durchaus nichts nutz.« Daß es besonders die Straßburger gewesen sind, die gerne Vögel jagten, erkennt man an ihrem ältesten Spitznamen: »Meiselocker«. So heißt auch eines der liebenswertesten Straßburger Denkmäler, das 1929 errichtet wurde. Der bronzene »Meiselocker« steht auf dem Brunnen am Stephansplatz und erinnert an die Zeit, als die Elsässer als arme Leute noch ganz unbefangen alles, was kreucht und fleucht, auf seine Verwendbarkeit für die Küche überprüften.

Marcassin en civet
Ragout vom Frischling

Für 6 Personen:
1,5 Kilo Frischling: Nacken und Brust, auch Schulter
50 Gramm Butter
400 Gramm Räucherspeck
4 Eßlöffel Mehl
1 Prise Zucker
Marinade:
1 Lorbeerblatt
1 Teelöffel Wacholderbeeren
Thymian
2 Zwiebeln
8 Knoblauchzehen
1 Karotte
Salz, Pfeffer
1/2 Liter Rotwein (Pinot noir)

Das Fleisch in gleichmäßige Stücke schneiden und über Nacht in eine Marinade aus Rotwein legen (mit Lorbeerblatt, Wacholderbeeren, Thymian, kleingehackten Zwiebeln und Knochblauchzehen, einer in Scheiben geschnittenen Karotte, Pfeffer und Salz).
Die Fleischstücke herausnehmen, abtropfen lassen, mit Küchenkrepp abtupfen.
Die Fleischstücke in Butter anbraten und beiseite stellen. Den Speck in Würfel schneiden und ebenfalls anbraten; mit etwas Mehl bestäuben und mit der Marinade ablöschen. Eine Prise Zucker beigeben. Die Fleischstücke in die Sauce geben und 1 1/2–2 Stunden schmoren lassen. Abschmecken und mit hausgemachten Nudeln oder Spätzle servieren.
Noch kräftiger schmeckt dieses Gericht mit Pfifferlingen, Steinpilzen oder anderen Waldpilzen.

Rabhianla
Rebhuhn mit Weintrauben

Für 4 Personen:
4 Rebhühner
1 Zwiebel
1 Knoblauchzehe
1 Karotte
Pfeffer, Salz
50 Gramm Butter
1 Glas Weißwein
1 Weintraube (Muskat)

Rebhühner rupfen und absengen, Federkiele entfernen. Ausnehmen und innen salzen und pfeffern. Zwiebel und Knoblauch kleinhakken, Karotte in Scheiben schneiden. Zwiebel, Knoblauch und Karotte in Butter andünsten, Rebhühner von allen Seiten scharf anbraten. Hitze zurücknehmen und die Tiere 20 Minuten schmoren.

Dabei immer wieder mit einem Schuß Weißwein übergießen.
Inzwischen die Weinbeeren waschen und die Haut abziehen.
Die Rebhühner aus der Pfanne nehmen und warmstellen. Den Bratensatz mit etwas Wasser und Wein ablösen (noch besser: mit Wildfond, wenn man sich die Mühe gemacht hat, welchen zuzubereiten!). Die geschälten Weintrauben in die Sauce geben und ein paar Minuten darin erwärmen. Rebhühner auf einer Platte anrichten, mit der Sauce übergießen und mit schlichten Salz- oder Pellkartoffeln servieren.

Faisan à l'alsacienne
Fasan auf Sauerkraut

Für 4 Personen:
1 Kilo Sauerkraut
1 Zwiebel
1 Eßlöffel Gänse- oder Schweineschmalz
1/4 Liter Riesling oder Sylvaner
1 Glas Wasser
300 Gramm geräucherter Speck (durchwachsen)
8 Wacholderbeeren
1 Lorbeerblatt
2 junge Fasane
Butter
Salz, Pfeffer
12 dünne Scheiben Räucherspeck (fett)
1/4 Liter Fleischbrühe

Das Sauerkraut waschen und gut abtropfen lassen. Die grob gehackten Zwiebeln in einem gußeisernen Bräter in Gänse- oder Schweineschmalz andünsten. Mit Weißwein und Wasser ablöschen. Den Speck hineingeben, mit Sauerkraut zudecken, leicht salzen. Wacholderbeeren und Lorbeerblatt hinzugeben. Zudecken und 1 1/2 Stunden auf dem Herd oder im Ofen bei mäßiger Hitze schmoren lassen.
Fasane rupfen, absengen und ausnehmen. Innen und außen salzen und pfeffern. Etwas Schmalz oder Butter einfüllen. Die Tiere mit Räucherspeckscheiben umwickeln und mit Küchengarn zusammenbinden. Nochmals leicht salzen und pfeffern. Die Fasane in einen Steingutbräter legen und bei 180 °C eine halbe Stunde im Backofen braten. Die Fasane während dieser Zeit häufig mit Fleischbrühe übergießen. Die fertig gebratenen Fasane herausnehmen und warmstellen. Das Fett abgießen und den Bodensatz mit der restlichen Fleischbrühe ablösen. Sauerkraut auf einer Platte anrichten. Die Fasane tranchieren und auf das Sauerkraut legen; mit oder ohne dem im Sauerkraut gegarten Speck servieren. Sauce separat in einer Saucière auf den Tisch stellen.

Rehnüßchen in Pinot noir

Für 4 Personen:
1 Rehrücken
Gemüse für den Fond
125 Gramm Butter
Salz und Pfeffer
1 Eßlöffel Mehl
1 Schuß Cognac
1 Glas Pinot noir (ca. 1/8 Liter)
1/4 Liter Fond vom Wild (oder Kalbsfond)
4 Eßlöffel Crème fraîche

Marinade:
1/4 Liter Pinot noir
1 Zweig Thymian
1 Lorbeerblatt
1 Teelöffel Wacholderbeeren
Pfeffer und Salz

Die Filets des Rehrückens von den Knochen lösen und mit der Karkasse und Röstgemüse einen Wildfond zubereiten.

Die Filets in jeweils etwa 6 Nüßchen schneiden, die mindestens 12 Stunden in einer Marinade aus Pinot noir, Thymian, Lorbeerblatt, Wacholderbeeren, Pfeffer und Salz liegen müssen.

Die Nüßchen aus der Marinade nehmen, abtupfen, ganz leicht mit Mehl einstäuben, salzen und pfeffern; in der Hälfte der Butter anbraten und wenige Minuten schmoren. Das Fleisch soll zwar nicht mehr blutig sein, eher hellrosa; es darf aber auf keinen Fall braun werden.

Auf einer Platte anrichten und warmstellen. Bratbutter abgießen, den Bodensatz der Pfanne mit einem Schuß Cognac, Pinot noir und dem Rest der Marinade ablöschen. Den Wildfond zugießen und einkochen lassen. Mit Sahne und kalten Butterstückchen binden.

Die Nüßchen mit dieser Sauce übergießen. Mit Waldpilzen oder Eßkastanien servieren. Falls Pilze vorhanden: Putzen (echte Pilzliebhaber waschen Pilze nie!), evtl. abreiben und etwa 20 Minuten vor dem Ende der Schmorzeit dem Fleisch beigeben.

Hasenpfeffer

Eine seiner berühmtesten Predigten im Straßburger Münster hielt Geiler von Kaysersberg 1509: »Der Hasz im Pfeffer«, lautete das Thema. Böse Zungen meinen, die Elsässer hätte man schon damals nur in die Kirche locken können, indem man ihnen den Gaumen kitzelte.

Für 6 bis 8 Personen:
1 Hase (etwa 2 Kilo schwer)
200 Gramm Räucherspeck
8 Eßlöffel Öl
3 Eßlöffel Mehl
Salz und Pfeffer

Marinade:
3 Karotten
1 Stange Lauch
3 Zwiebeln
3–4 Knoblauchzehen
4 Lorbeerblätter
1 Teelöffel Wacholderbeeren
2 Gewürznelken
1 Bouquet garni (mit Sellerieblatt, Salbei, Thymian, Rosmarin)
Salz und Pfeffer
1 Liter Rotwein

Den Hasen zerteilen, mit Salz und Pfeffer bestreuen und in eine große Schüssel legen. Für die Marinade Gemüse waschen und schälen und in grobe Stücke schneiden. Zwiebeln und Knoblauch kleinhacken. Alle Zutaten zur Marinade samt Bouquet garni zum Fleisch geben und mit Rotwein übergießen. 24 bis 48 Stunden marinieren lassen.

Die Fleischstücke aus der Marinade nehmen und mit Küchenkrepp trocknen. Speck in Würfel schneiden. In einem gußeisernen Bräter zunächst die Speckwürfel, dann die Fleischstücke anbraten; herausnehmen und das Gemüse anbraten, mit Mehl bestreuen und unter kräftigem Rühren mit der Marinade aufgießen. Das Fleisch in die so entstandene Sauce hineingeben und bei mäßiger Hitze eine bis 1 1/2 Stunden schmoren.
Die Sauce passieren und den Hasenpfeffer mit Nudeln oder Spätzle servieren.
Man kann das Fleisch auch in einen Soufflenheimer Steinguttopf füllen und (mit Deckel) – ebenfalls in 1 1/2 Stunden – bei 160 °C im Backofen garen.

Kaninchen in Pinot noir

Kaninchen wird im Elsaß in vielen Varianten zubereitet. Dieses Rezept hier hat mir Michèle Sturm verraten, als ich eines Tages provenzalische Freunde mit einer ausgefallenen elsässischen Spezialität überraschen wollte. Es wurde zu einem meiner Lieblingsrezepte.

Für 3–4 Personen:
1 Kaninchen (vom Bauernhof)
1 große Zwiebel
100 Gramm Speckwürfel (fest, geräuchert)
Entenschmalz
1 Flasche Pinot noir
1 Bouquet garni
2 Lorbeerblätter
Salz, Pfeffermischung »cinq baies«*
1 dünne Scheibe Speck
2 hölzerne Zahnstocher
0,15 Liter Sahne oder Crème fraîche

Das Kaninchen zerlegen (am besten läßt man dies von der Bäuerin machen!); Leber, Nierchen und Herz aufbewahren.
In einem großen, gußeisernen Bräter werden zunächst die Kaninchenstücke, die gehackte Zwiebel und die Speckwürfel angebraten – natürlich in Schmalz. Wenn alles schön goldgelb ist (Vorsicht: die Zwiebeln und die Speckwürfel dürfen nicht anbrennen!) mit Pinot noir übergießen. Bouquet garni, Lorbeerblätter, Salz und Pfeffer beifügen. Langsam zum Kochen bringen und bei mäßiger Hitze schmoren lassen.
Während das Kaninchen brav vor sich hinköchelt, packt man die Nierchen in die Haut des Kaninchens ein und wickelt das Ganze in eine dünne Scheibe Speck. Zahnstocher hineinpieken, damit alles schön zusammenhält.
Die eingewickelten Nierchen und die Leber etwa eine Stunde nach Beginn der Garzeit in den Topf geben. Das Kaninchen ist nach etwa 1 1/2 Stunden fertig. Um sicher zu sein, daß es gar ist, sticht man mit der Gabel in die dicksten Stücke. Die Sauce abschmecken, Crème fraîche unterrühren. Am besten schmeckt dieses Gericht mit Spätzle.

* »Poivre cinq baies«: Die Pfeffermischung »fünf Körner« gibt es überall fertig zu kaufen. Als ich mir einmal die Mühe machte nachzuzählen, fiel mir auf, daß die Mischung aus sechs Körnern besteht: aus schwarzem, weißem, grünem und rotem Pfeffer, aus Jamaica-Pfeffer und aus Piment.

Léon Fleith und seine Kollegen auf dem kleinen Bauernmarkt am Straßenrand in Holzwihr ▷

L'AS DU QUERCY
VERDIE et Cie
Prince de Bretagne

Légumes, garnitures et mets (presque) sans viande

Gemüse, Beilagen, Gerichte (fast) ohne Fleisch

In der ersten Klasse des Gymnasiums mußte ich einmal einen sonderbaren Aufsatz schreiben: »Stellen Sie sich vor, Sie kommen aus der Schule und Ihre Mutter ist krank. Nun müssen Sie die Familie versorgen und ein Abendessen kochen. Beschreiben Sie es.« So etwa lautete das Thema – französische Schulkinder wurden damals systematisch gesiezt. Was die Lehrerin mit diesem Thema bezweckte, ist mir bis heute nicht klar. Aber bis heute erfüllt mich Zorn, wenn ich daran denke, daß ich damals die erste wirklich miserable Note meines Lebens bekam. Ich erzählte nämlich, daß mein Vater sich ganz bestimmt über schlichte Griaspflütta freuen würde. Die würde ich ihm servieren, danach noch etwas Salat und Kompott, und die Sache wäre geritzt. An die höhnische Bemerkung der Lehrerin kann ich mich genau erinnern. Mitleid zeigte sie allenfalls mit meinem Vater; es war demütigend, und es erfüllte mich mit Haß. Auch an den sehr französischen Namen der spitznasigen Dame erinnere ich mich sehr wohl: Vielleicht war sie gegen ihren Willen ins Elsaß versetzt worden; jedenfalls war deutlich, daß sie unsere Pflütta- und Grumbeere-Küchenkultur nicht mochte. Vielleicht habe ich aber auch ganz naiv gestanden, daß ich damals kein Fleisch mochte und mich auf ein so einfaches Essen schlichtweg freute. Ganz gewiß wird es in elsässischen Familien nicht als Strafe empfunden, wenn es hin und wieder kein Fleisch gibt. In vielen ländlichen Haushalten gab es auch noch nach dem Zweiten Weltkrieg nur am Sonntag Fleisch; unter der Woche wurden Gemüsegerichte oder Mehlspeisen nur mit Speck geschmacklich aufgebessert und nahrhafter gemacht. Heute sind wir alle so verwöhnt und an den Überfluß gewöhnt, daß wir es schon wieder fast als Luxus empfinden, einmal ganz schlichte Roigebrageldi oder Grumbeerekiechle zu essen.

Grumbeerepflütte
Hardäpfelpflütta

Für 4 Personen:
1 Kilo Kartoffeln
100 Gramm Mehl
1 Ei
Pfeffer, Salz, Muskat
Für die Sauce:
50 Gramm Butter
2 Eßlöffel Mehl
1 Schuß Weißwein
1/2 Liter Milch
Salz, Pfeffer
4 Eier
4 Scheiben Weißbrot

Die Hälfte der Kartoffeln mit der Schale kochen, schälen, zu Brei stampfen, Mehl, Ei, Pfeffer, Salz, Muskat unterrühren. Die restlichen rohen Kartoffeln schälen und reiben. In einem Sieb abtropfen lassen oder in einem Mulltuch auspressen und mit dem Kartoffelteig vermischen. Die Masse gut durchkneten. Mit dem Löffel etwa eiergroße Knödel formen, die in einer großen Menge Salzwasser etwa zehn Minuten gekocht werden. Abtropfen lassen.
Butter und Mehl wie für eine Béchamelsauce anschwitzen, mit etwas Weißwein und der Milch aufgießen. Die Sauce soll ziemlich flüssig sein. Abschmecken. Vier Eier hart kochen. Weißbrot in Würfel schneiden und in einer Pfanne mit etwas Butter anrösten.
Die »Pflütte« in eine Schüssel geben. Die harten Eier in Scheiben schneiden und die Knödel damit garnieren. Sauce darübergießen und mit kleinen gerösteten Brotwürfeln bestreuen. Nun kann das Wettessen losgehen.

Griaßpflütta

Für 4 Personen:
1 Liter Milch
Salz
100 Gramm Butter
200 Gramm Grieß

Die Milch salzen und mit etwa 50 Gramm Butter zum Kochen bringten. Grieß einrühren, bis eine sehr dicke Masse entsteht. Den Topf von der Herdplatte nehmen und ein paar Minuten weiterrühren.
Wenn die Grießmasse beginnt abzukühlen, mit dem Löffel etwa eiergroße Knödel abstechen. Im Backofen warm halten. Mit brauner Butter übergießen.
Wenn »Pflütte« übrig bleiben, in Scheiben schneiden und in der Pfanne mit Butter braten.

Grumbeerekiechle
Kartoffelküchlein

Für 4 Personen:
1 Kilo Kartoffeln
4 Schalotten
Petersilie
3 Eier
1 Eßlöffel Mehl
Pfeffer, Salz
1 Prise Muskat
1 Tasse Öl

Kartoffeln schälen, waschen und nicht zu fein reiben. In einem Sieb abtropfen lassen und anschließend in einem Tuch ausdrücken. Mit den feingehackten Schalotten und der Petersilie, den Eiern und dem Mehl vermengen. Mit Pfeffer, Salz und Muskat würzen.

Reichlich Öl in einer großen Pfanne erhitzen (das Öl sollte sehr heiß sein, aber nicht rauchen). Jeweils einen Eßlöffel voll Kartoffelteig in die Pfanne setzen und mit der Gabel flachdrücken; dem Fladen eine möglichst runde oder ovale Form geben. Auf beiden Seiten 3–4 Minuten backen. Aus der Pfanne nehmen und auf Küchenkrepp legen, damit das Fett aufgesogen wird. Im Ofen warmhalten, bis alle Kiechle gebacken sind.

Grumbeerekiechle müssen knusprig und goldgelb sein und sollten möglichst heiß, am besten mit einem grünen Salat serviert werden.

Roigabrageldi-Bratkartoffeln aus rohen Kartoffeln

Für 6 Personen:
2 Kilo Kartoffeln
3 große Zwiebeln
400 Gramm Räucherspeck
3–4 Eßlöffel Öl
Salz, Pfeffer
1 Glas Riesling

Kartoffeln waschen, schälen und in nicht allzu dünne Scheiben oder kleine Würfel schneiden. Zwiebeln kleinhacken, Speck in Würfel schneiden. Das Öl in einem gußeisernen Topf erhitzen und etwa ein Drittel der Zwiebeln leicht anbraten. Schichtweise mit Kartoffeln, Speck und Zwiebeln auffüllen. Salz und Pfeffer nicht vergessen. (Vorsicht mit dem Salz, da der Speck meist schon ziemlich gesalzen ist!) Zudecken und 1/2 Stunde in den auf 170°C vorgeheizten Ofen schieben. Mit etwas Wein übergießen, Hitze auf 130°C zurücknehmen und weitere 3/4 Stunden schmoren lassen, ohne an die Kartoffeln zu rühren. Zum Schluß sind die Kartoffeln kroß auf der Oberfläche, zergehen aber auf der Zunge.

Käsknepfle

Für 8 Personen:
1 Kilo Bibeleskäs
300 Gramm Mehl
5 Eier
75 Gramm Butter
Pfeffer, Salz, Muskat
Petersilie oder Schnittlauch

Den Quark ausgiebig abtropfen lassen (wenn er zu flüssig ist, braucht man mehr Mehl, was sich auf den Geschmack nicht positiv auswirkt!). Mit dem Mehl vermischen. Die ganzen Eier unterrühren; Pfeffer, Salz und Muskat sowie kleingehackte Kräuter hinzufügen. Die Masse mindestens eine halbe Stunde ruhen lassen.
In einem großen Kochtopf eine große Menge Wasser (salzen nicht vergessen!) zum Kochen bringen. Kleine Klöße mit Hilfe von zwei Eßlöffeln formen. Diese Klöße in das kochende Salzwasser tauchen und 10 Minuten pochieren. Wenn die Klößchen an die Oberfläche kommen, sind sie gar. Das Wasser abgießen. Käsknepfle auf einer Platte anrichten, mit brauner Butter übergießen und mit einem grünen Salat servieren. Statt Butter kann man auch gebratene Speckwürfel oder in Butter gebräunte Brösel über die Knepfle geben. Dies ist eines jener einfachen, ländlichen Gerichte, die häufig Anlaß zu gargantuesken »Wettessen« bieten!

Asperges de Hoerdt
Spargel von Hoerdt

Der beste elsässische Spargel wächst im Norden von Straßburg, in der Gegend von Hoerdt und Lampertheim. Zur Förderung des elsässischen Spargels wird seit einigen Jahren auch etwas Folklore getrieben: Nach dem Muster der elsässischen Weinstraße entstand eine Spargelstraße, an der entlang jährlich allerlei Spargelfeste veranstaltet werden.

Käsknepfle

Die Geschichte der elsässischen Spargelzucht ist relativ jung. Zwar wird Spargel bereits in Hieronymus Bocks *Kreutterbuch* erwähnt, aber er meinte vermutlich wilden Spargel. Erst in der zweiten Hälfte des 19. Jahrhunderts, als ein Pastor namens Heyer nach Hoerdt versetzt wurde, brachte er die Idee mit, in dieser Gegend Spargel anzubauen. Heyer kannte die Spargelkultur aus Algerien, wo er zuletzt im Amt gewesen war, und er wußte, daß die Bodenbeschaffenheit im Bereich von Hoerdt (mit seinen üppigen Lößanschwemmungen) dafür günstig war. Seine Sorge war es vor allem, seinen eher bedürftigen Schäfchen zu etwas mehr Wohlstand zu verhelfen. 1873 legte er das erste Spargelfeld an und ermutigte die Mitglieder seiner Gemeinde, es ihm gleichzutun. Die Entwicklung des Spargelanbaus war von diesem Zeitpunkt an zwar keine rasante, dafür aber eine stetige, und die Erwartungen des Pastors Heyer gingen in Erfüllung. Spargel war schon zu Beginn des 20. Jahrhunderts kein Luxusgemüse mehr. Heute ist das Elsaß und ganz besonders das Département Bas-Rhin eines der größten spargelproduzierenden Gebiete Frankreichs. Auch Nicht-Elsässer, die sich im Mai in dieser Provinz aufhalten, sollten sich auf eine Spargelorgie in einem der darauf spezialisierten Restaurants in der Gegend von Hoerdt einlassen.

Als klassisch gilt die Zubereitung mit drei Saucen und drei verschiedenen Sorten Schinken.

Beim Spargelstechen

Pro Person:
1 Kilo Spargel (ja, wirklich!)
3 Scheiben gekochter Schinken (möglichst jambon à l'os)
3 Scheiben luftgetrockneter roher Schinken
3 Scheiben geräucherter Schinken
Saucen: Vinaigrette
Mayonnaise
Hollandaise

Den Spargel großzügig schälen und waschen. (Evtl. Spargelschalen auskochen, die Brühe durch ein Sieb gießen und den Spargel darin kochen.) Im Salzwasser (mit einer Prise Zucker und einer Messerspitze Butter) 20 Minuten kochen.

Auf einer Serviette abtropfen lassen.

Die Vinaigrette je nach Geschmack mit gehackter Zwiebel, Schalotte oder Knoblauch (oder auch ohne), auf jeden Fall mit viel Petersilie zubereiten.

Eine klassische Mayonnaise mit etwas Knoblauch rühren, einen Spritzer Zitronensaft und etwas geschlagenes Eiweiß dazugeben – so ist die Mayonnaise leichter und bekömmlicher.

Hollandaise:
2 Eigelb
1 Eßlöffel Wasser
150 Gramm Butter
1 Spritzer Essig
1/2 Zitrone (Saft)
Salz und Pfeffer

Eigelb und Wasser verrühren und im Wasserbad unter ständigem Rühren erwärmen. So lange schlagen, bis die Masse cremig ist. Die zerlassene Butter vorsichtig, löffelweise zufügen, nach wie vor kräftig rühren, bis die Sauce eine homogene, dichte Konsistenz hat. Einen Schuß Essig und den Saft einer halben Zitrone beifügen; salzen, pfeffern. Warm servieren (gegebenenfalls im Wasserbad warmhalten).

Spargeltourte

Mürbeteig (Rezept S. 34)	Béchamelsauce:
1 Kilo Spargel	40 Gramm Butter
1 Handvoll frische Morcheln	1 Eßlöffel Mehl
1 Schalotte	1 Tasse Milch
200 Gramm gekochter Schinken, in kleine Würfel geschnitten	1 Tasse flüssige Sahne
	1 Schuß Weißwein
	Pfeffer, Salz, Muskat
	3 Eier
	1 Eigelb

Madame Wagner bereitet den Spargel zum Verkauf vor

Den Spargel großzügig schälen, den härtesten Teil abschneiden und die Stangen 20 Minuten im Salzwasser (eine Prise Zucker und ein paar Butterflocken nicht vergessen!) kochen. Spargel abtropfen und abkühlen lassen, danach in etwa 2 cm lange Stücke schneiden.

Wer das große Glück hat, sich Morcheln besorgen zu können (die letzten, die ich in Straßburg auf dem Markt gekauft habe, waren verblüffenderweise aus Amerika importiert!), muß sie sehr sorgfältig waschen, vierteln und mit einer kleingehackten Schalotte in etwas Butter andünsten.

Eine leichte Béchamel rühren (etwas Milch und Sahne zurückbehalten), würzen und abkühlen lassen.

Die Tourte-Form mit Teig auslegen. Spargel, Schinkenwürfel und eventuell Morcheln gut vermischen und auf dem Tourte-Boden verteilen. Eier schlagen und mit restlicher Milch und Sahne in die abgekühlte Béchamel einrühren. Das Ganze über den Spargel geben. Mit dem restlichen Teig zudecken, die Teigplatte am Rand anfeuchten und festkleben. Ein bis zwei Öffnungen anbringen. Die Oberfläche mit Eigelb bestreichen. Mit der Gabel oder dem Messerrücken ein Motiv in den Teig ritzen.

50–60 Minuten bei 170 °C backen.

Rotkrüt mit Keschte
Rotkraut mit Eßkastanien

Für 6 Personen:
1 Kilo Kastanien
1 Kopf Rotkraut (etwa 1 Kilo)
2 Zwiebeln
50 Gramm Gänseschmalz
250 Gramm Speck
1/4 Liter Sylvaner
1 Glas Wasser
1 Gewürznelke
1 Lorbeerblatt
1/2 Zitrone
2 Äpfel (Boskop)
Pfeffer, Salz

Die Kastanien schälen: mit einem scharfen Messer rundum einschneiden und mit der Messerspitze die zwei Schalenhälften entfernen. (Eventuell auch kurz in den heißen Backofen legen, und die Schale danach aufbrechen.) Ein paar Minuten in kochendem Wasser pochieren, damit sich die innere Haut entfernen läßt.

Den Krautkopf waschen, vierteln und in schmale Streifen schneiden. Zwiebeln in Scheiben schneiden und in Gänseschmalz anbraten. Speck in Würfel schneiden und ebenfalls anbraten. Den Rotkohl schichtweise zugeben, dazwischen pfeffern und salzen. Mit Wein und Wasser auffüllen. Gewürznelke, Lorbeerblatt und den Saft der halben Zitrone zufügen. Zudecken und 30 Minuten köcheln lassen.

Eßkastanien zugeben, weitere 45 Minuten köcheln. Äpfel schälen und achteln. Unter das Rotkraut heben und noch einmal 15 Minuten köcheln.

Auf diese Weise zubereitetes Rotkraut ist eigentlich ein Essen für sich selbst. Man kann es aber auch zur Martinsgans, zum Schweinebraten oder zum Wild servieren.

Flammekueche in der Steinmühl

Auf den Bauernhöfen im Nordwesten von Straßburg, die ich in meiner Kindheit mit meinen Eltern besuchte, wurde im hauseigenen Ofen am Freitag das Brot für die ganze Woche gebacken. Die Erinnerungen an die unvergleichlichen Butterbrote meiner Kindheit sind eng verbunden mit den Besuchen im Hause des damaligen Bürgermeisters von Waltenheim. Die Kastenbrote, von denen seine Frau uns Kindern große Scheiben abschnitt, kamen mir fast unwirklich an Dimension und Geschmack vor. Was es aber damals auch – und zwar ausschließlich auf den Bauernhöfen eben dieser Gegend gab – war der Flammekueche. Hergestellt wurde er am Brotbacktag, aus den Brotteigresten im glühend heißen Holzofen. Kein Restaurant hätte es damals wagen können, ein solch einfaches, ländliches Gericht anzubieten. Erst in den sechziger Jahren kam fulminant die Flammekueche-Mode in Gang, die nicht nur bis heute nicht abgeklungen ist, sondern inzwischen auch im Süden des Elsaß, ja sogar im Badischen und im Pfälzischen übernommen wurde.

Flammekueche

»Mit wisse Scherzle üsstaffiert
Isch's ganze Derfel engagiert!
Viel gueti liewi Lit vun hie
Fer d'Flammekueche-Industrie.
Der Patron awer het's erfasst!
Fer denne heisst nur uffgebasst.
Der löjt nur zü un schafft nimmeh!
Isch Flammekueche-Pee-dee-Schee!«

»Mit weißen Schürzchen ausstaffiert
Ist das ganze Dörflein engagiert.
Viel gute, liebe Leute von hier
Für die Flammekuchen-Industrie.
Der Chef aber, der hat's erfaßt.
Für den heißt es nur noch: aufgepaßt.
Der schaut nur zu und arbeitet nicht mehr!
Der ist Flammekueche-PDG geworden.«

So spottete in den siebziger Jahren bereits Auguste Wackenheim. PDG ist die Abkürzung für »président-directeur-général«, Generaldirektor also. Es gibt mittlerweile in der Tat einige Lokale (ich werde sie nicht nennen), die in einem Elsaß-Disney-Land so etwas wie die Flammekueche-McDonalds abgeben könnten. Schade um jene Elsaß-Besucher, die in solche »Abspeisen« geraten und niemals erfahren werden, was ein wirklicher Flammekueche ist. Um die gute, die wahre Tradition des Flammekueche zu schützen, entstand denn auch in den siebziger Jahren in Straßburg eine *Confrérie de la véritable tarte flambée d'Alsace*, eine Bruderschaft des echten Flammekueche. (»Sie müssen doch ehrlich zugeben, daß noch kein Elsässer je Crevetten in einem elsässischen Fluß hat schwimmen sehen!« erklärt Michel Sundhauser, der Gründer dieser Bruderschaft. Er spricht von »Deviationismus«, von mangelnder Linientreue, wenn irgendein schlecht inspirierter gastronomischer Modeschöpfer Oliven oder Paprika oder Meeresfrüchte auf den Flammekueche setzt.)

Ein echter Flammekueche-Esser benutzt übrigens niemals Messer und Gabel, um seine »elsässische Pizza« – so erkläre ich den Elsaß-Neulingen dieses Gericht – zu essen. Der Kuchen wird auf dem Brett serviert, mit dem er aus dem Ofen geholt wird; er wird mitten auf den Tisch gestellt und das einzige Werkzeug ist ein Gemeinschaftsmesser, mit dem einer der Tischgenossen den Kuchen in möglichst gerechte Stücke zerteilt. Jeder Gast rollt sich sein Stück zusammen und nimmt es ganz einfach in die Hand. Ist die erste Bestellung aufgegeben, braucht sich niemand mehr um Nachschub zu kümmern: es werden so lange neue Kuchen gebracht, bis die Gäste abwehrend die Arme heben und Halt schreien.

»Klapper«storch in Zellenberg

Flammekueche im normalen Backofen, ohne jegliches Holzfeuer herzustellen, ist natürlich eine weitere Form von »Deviationismus«. Aber sei's drum! Wer eine gar zu unbändige Lust verspürt, den unvergleichlichen Duft von warmem Quark mit Speck, Zwiebeln und Sahne auf hauchdünnem, am Rand ganz knusprigen Teig zu schnuppern, der kann es auch ohne Profibäcker-Ausrüstung versuchen.

Für etwa 8–10 Flammekueche:
Teig:
1 Kilo Mehl
1 Teelöffel Salz
15 Gramm Hefe
1/2 Liter Wasser
75 Gramm Butter oder
2 Eßlöffel Schweineschmalz

Der Teig muß mindestens eine Stunde im voraus gemacht werden. Hefe im lauwarmen Wasser auflösen. In einer großen Teigschüssel das Mehl, das Salz, das Wasser mit der Hefe und der weichen Butter oder dem Schmalz zu einem geschmeidigen Teig verarbeiten. So lange kneten, bis der Teig nicht mehr an der Schüssel klebt. Eine Kugel formen, ein Tuch über die Schüssel legen und den Teig in einem warmen Raum stehen lassen.

Belag:
5 Zwiebeln
25 Gramm Butter
1 Eßlöffel Öl
300 Gramm geräucherter Speck
1/4 Liter Sahne
500 Gramm Quark
Pfeffer, Salz, Muskat
2 Eier

Zwiebeln in Scheiben schneiden und kurz in Butter und Öl (der total Linientreue verwendet Rapsöl) andünsten. Speck in feine Streifen schneiden. Sahne, Quark, Pfeffer, Salz und Muskat vermischen. Die Eier schlagen und in die Masse einrühren.
Den Teig in Scheiben schneiden und in sehr, sehr (!) dünne Kreise oder Ovale von etwa 30 cm Durchmesser ausrollen. Den Teig mit einer ebenfalls dünnen Schicht Sahne-Quark-Mischung bestreichen. Speck und Zwiebeln darauf verteilen (sparsam, das Ganze soll nicht auftragen). Etwa 8 Minuten im sehr heißen Ofen (250 °C) backen.

Von den mehr oder weniger abenteuerlichen Varianten, die es mittlerweile in vielen Flammekueche-Restaurants gibt, war eingangs schon die Rede. Mir schmeckt eine *tarte normale* immer am besten. Die meisten Lokale bieten eine *gratinée* an, manchmal gibt es sie *aux champignons*, was wohl noch nicht als Häresie angesehen werden muß...

Hausgemachte Nudeln à l'alsacienne

Zahlreiche Gerichte wurden im 18. und 19. Jahrhundert von der französischen Küche übernommen – »à l'alsacienne« bedeutet oft nur: mit selbschtg'machte Nüdle.

Für 6 Personen:
500 Gramm Mehl
8 Eier
1 Teelöffel Salz
1 Schuß Essig

Das Mehl in eine Teigschüssel sieben. In einer anderen Schüssel die Eier schlagen, Salz und Essig zufügen und alles in das Mehl einarbeiten. Wenn der Teig zu fest ist, einen Schuß Wasser zugießen. Den Teig ausgiebig durchkneten, zu einer Kugel formen und in einem Tuch eingeschlagen eine Stunde ruhen lassen.
Den Teig in kleine Kugeln aufteilen und jede einzelne sehr dünn ausrollen. Die Teigblätter über eine Wäscheleine hängen und an der Luft antrocknen lassen (sie dürfen nicht hart werden, müssen aber ziemlich fest sein). Die Teigblätter mit Mehl bestäuben, zusammenrollen und in regelmäßige Streifen von etwa 4 mm Breite schneiden. Fertige Nudeln nicht zu dicht aufschichten, auf einem Brett locker ausbreiten, damit sie nicht zusammenkleben.
In einem großen Kochtopf 2,5 Liter Salzwasser mit einer Messerspitze Butter zum Kochen bringen. Die Nudeln in das sprudelnde Wasser hineingeben, Hitze zurücknehmen, und 6 bis 8 Minuten sieden lassen. Nudeln abtropfen lassen und mit zerlassener Butter übergießen.
In vielen elsässischen Haushalten spielt das Nudelbrett bis heute eine wichtige Rolle.

Spätzle

500 Gramm Mehl
6 Eier
Salz
1/4 Liter Milch (oder mehr, nach Bedarf)

Mehl in eine große Teigschüssel sieben. Eine Mulde in der Mitte bilden, Eier und Salz hineingeben. Mit einem Teil des Mehls vermischen, allmählich die Milch zugießen und einen geschmeidigen, ziemlich weichen Teig kneten.
Mindestens eine Stunde ruhen lassen.
Salzwasser in einem großen Topf zum Kochen bringen. Ein Spätzlesieb mit großen Löchern oder ein Spätzlehobel über den Topf halten und den Teig vorsichtig durch das Sieb ins kochende Wasser drücken. (Leider beherrschen immer weniger Köchinnen und Köche die Kunst des Spätzle-Schneidens vom Brett.)
Wenn die Spätzle an die Oberfläche steigen, sind sie gar. Mit einem Schaumlöffel aus dem Topf nehmen, kurz mit kaltem Wasser abschrecken und in einem Sieb abtropfen lassen.
Mit zerlassener brauner Butter (am besten zu Wildgerichten) servieren, oder vor dem Servieren kurz in Butter in der Pfanne durchschwenken.

Ferme-auberge du Kastelberg ▷

Les fromages – Käse

»Einer der größten Vorzüge vom Münsterkäse besteht darin, daß alle Welt ihn kennt, wobei ihn nur wenige Leute gegessen haben«, schrieb der (elsässische) Schriftsteller Marcel Haedrich 1966 in einer »Eloge an den Münsterkäse«. Natürlich meinte er: nur wenige Leute haben *echten* Münsterkäse gegessen, und des weiteren behauptete er, die wenigsten seien in der Lage, einen echten von einem falschen, sprich industriell hergestellten, zu unterscheiden. Und etwas überheblich berichtete er von banausenhaften Tischnachbarn in der Pariser Brasserie Lipp, die den Münsterkäse »selbstverständlich mit Kümmel« bestellen. Daß er sich als echter Elsässer und engagierter »Provinzler« fühlt, ist rührend, aber warum diese apodiktische Ablehnung des Kümmels? Schließlich schlägt bereits Hieronymus Bock in seinem *Kreutterbuch* von 1539 den Kümmel – und sogar Holunderblüten! – als Beigabe zum Käse vor. Auch hat man schon vor langer Zeit gerne Walnüsse dazu gegessen. Die Geschichte vom Münsterkäse genau nachzuvollziehen ist schwer; sicher ist aber, daß er bereits Anfang des 15. Jahrhunderts sehr beliebt war. Seine »starke Persönlichkeit« verträgt sich nicht mit den Rotweinen aus Burgund oder Bordeaux: er schlägt einfach jede andere Geschmackskomponente tot. Standhalten kann seinem atemberaubenden Duft und kraftvollen Gout lediglich ein guter Gewürztraminer.

Monsieur Braesch aus Mühlbach im Münstertal

Im 16. Jahrhundert wurde die regionale Käseproduktion bereits durch Importe aus der Schweiz und aus Holland ergänzt. In den Kochbüchern des 19. Jahrhunderts gehört »Schwizerkässalat« schon zu den klassischen elsässischen Gerichten. Mag sein, daß er auch aus einheimischem »Bargkas« gemacht wurde, der auch heute noch – oder heute wieder, da er in den letzten Jahren erneut in Mode gekommen ist – meist als »Schwizerkäs« bezeichnet wird. Zu Recht, denn bekanntlich bedeutet »Schweizer« ja auch »Melker«.

Eine bedeutende Rolle in der elsässischen Ernährung spielt auch der »Bibeleskäs«, der vor allem im Sommer als erfrischendes Hauptgericht gegessen wird.

»Schwizerkässalat«

Für 6 Personen:
600 Gramm Emmentaler (Bargkas)
2 Zwiebeln
1 Teelöffel scharfer Senf
Salz, Pfeffer
Essig, Öl
Petersilie, gehackt

Bibeleskäs mit G'schwellti Quark mit Pellkartoffeln

Für 4 Personen:
1 Kilo Bibeleskäs (möglichst vom Bauern)
2 Schalotten
2 Knoblauchzehen
Petersilie, Schnittlauch
4 Eßlöffel Crème double
Pfeffer, Salz
Pro Person: etwa drei Kartoffeln

Den Emmentaler nicht allzu fein raspeln und auf den Tellern anrichten. Feine Zwiebelringe schneiden und über den Käse verteilen. Eine Vinaigrette aus Senf, Salz (Vorsicht! Manchmal ist der Käse sehr salzig!), Pfeffer, Essig und Öl rühren und über den Käse verteilen. Mit Petersilie garnieren. Dieses kleine Weinstubengericht gilt wohl eher als Vorspeise. Dazu trinkt man einen trockenen Edelzwicker.

Schalotten, Knoblauch, Petersilie und Schnittlauch fein hacken und samt dickflüssiger Sahne, Pfeffer und Salz in den Quark einrühren. Man kann die Kräuter, die Schalotten und den Knoblauch auch getrennt servieren, damit sich jeder selbst nach Lust und Geschmack bedienen kann.

◁ Martin Wehrey und sein Munsterkäse vom Kastelberg

Les desserts

Nachtisch und Gebäck

Wenn d'net brav besch, bekummsch ke Dessert! Eine schlimme Drohung und, wenn sie umgesetzt wird, eine schlimme Strafe für ein elsässisches Kind. Zumal ein Essen auf dem Lande oftmals nur aus einer Kartoffel- oder Gemüsesuppe besteht, die von einem großen Obstkuchen ergänzt wird, vor allem in den arbeitsintensiven Jahreszeiten. Auch Dampfnudeln oder im schwimmenden Fett gebakkene Süßspeisen werden häufig als Hauptmahlzeit für die ganze Familie serviert.

Eine viele Jahrhunderte alte Tradition haben im Elsaß die Lebkuchenbäcker (was ursprünglich vermutlich damit zu tun hat, daß man im Mittelalter den Zucker noch nicht kannte und nur mit Honig süßte). Die Straßburger Zuckerbäckerzunft spaltete sich im Jahre 1476 von der Zunft der Bäcker ab, und schon bald darauf bildeten die »Lebküchler« darin eine eigene Abteilung. Heute hat sich die Tradition im wesentlichen in der Weihnachtsbäckerei erhalten: In jeder Familie hat man seine eigenen Rezepte, die von der Mutter an die Tochter weitergegeben werden. »Hauptstadt des Lebkuchens« ist jedoch Gertwiller in der Nähe von Obernai, wo sich mehrere Hersteller niedergelassen haben. Elsässer Lebkuchen unterscheiden sich von den deutschen hauptsächlich dadurch, daß sie fast immer länglich, bzw. zungenförmig und im übrigen knusprig sind.

Aber auch andere Süßspeisen, vor allem die vielen Varianten von Obstkuchen, im Elsaß schon immer »Tarte« genannt, waren bereits vor vielen Jahrhunderten beliebt. Bei großen Festessen, wie sie in alten Chroniken erwähnt sind, gab es stets drei »Trachten«, d. h. drei Folgen von fünf bis zehn verschiedenen Gerichten. Eine Tracht endete fast immer mit einem, oft mit mehreren Desserts. Bei der schon erwähnten Hochzeit von Georg von Rappolstein gab es als 7. von 9 Gerichten in der ersten Tracht eine nicht genauer beschriebene Tarte; bei der dritten Tracht waren drei von neun Gerichten Süßspeisen, die letzte eine Apfeltarte, allerdings noch gefolgt von einem »Fischsüppchen«..., das vermutlich die Verdauung fördern sollte.

Bäckerei in Turckheim ▷

PAINS D'EPICES_
Coeur 18_
PAINS D'EPICES
Cigogne
Alsace

Siaskas

Dieser Nachtisch ist ein Klassiker aller Fermes-Auberges der Vogesen. Dort schmeckt er auch tatsächlich am besten, weil die »Malker« ihn abends mit dem am Morgen angesetzten Quark machen. Als Städter hat man Mühe, solch frischen Quark zu bekommen. In Straßburg gibt es ihn manchmal auf dem Bauernmarkt vor dem Rohanschloß am Samstag morgen. In Ermangelung dieses köstlichen Frischprodukts sollte man einen Quark kaufen, der in seiner Molke aufbewahrt wird.

500 Gramm frischer Quark (möglichst vom Bauern)
flüssige Sahne
3 Eßlöffel Zucker
1 Gläschen Kirschwasser

Den Quark abtropfen lassen.
Die Bergbauern benutzen dazu irdene Gefäße, die manchmal herzförmig sind. (In Soufflenheim gibt es sie hin und wieder zu kaufen.)
Den festen Quark in Portionen aufteilen und mit Sahne überziehen. Mit Zucker bestreuen und mit Kirschwasser beträufeln.

Soufflé au kirsch

200 Gramm schwarze Kirschen
1/4 Liter Wasser
4 Eigelb
6 Eiweiß
80 Gramm Zucker
0,2 Liter Milch
1 Gläschen Kirschwasser
Butter zum Einfetten der Souffléform

Kirschen entsteinen und 5 Minuten in einem Sirup aus 1/4 Liter Wasser und 50 Gramm Zucker pochieren.
Eigelb und Zucker schaumig schlagen. Milch erhitzen und kochend auf die Eigelb-Zucker-Mischung gießen; kräftig rühren. Die Mischung unter ständigem Rühren bei mittlerer Flamme erhitzen, bis die Masse cremig wird. Vorsicht, sie darf nicht kochen! Zum Abkühlen in eiskaltes Wasser (mit Eiswürfeln) stellen und dabei ständig rühren.
Eiweiß mit einer Prise Salz zu Schnee schlagen. Das Kirschwasser in die Creme einrühren und vorsichtig das Eiweiß unterziehen.
Souffléform einfetten. Den Boden mit den pochierten Kirschen auslegen. Eventuell mit etwas Kirschwasser beträufeln. Die Soufflémasse darübergeben. Die Form darf höchstens zu 3/4 gefüllt werden. Eine knappe halbe Stunde bei mäßiger Hitze (etwa 150 °C) im Ofen backen.
Ein solches Soufflé kann man natürlich auch mit Zwetschgen oder Mirabellen (und dem jeweils passenden Schnaps) zubereiten. Man kann auch den Boden der Souffléform mit Löffelbiskuit auslegen, die man selbstverständlich ebenfalls mit dem jeweiligen Schnaps beträufelt.

Gebackene Holunderblüten

»Em Awril müess d'r Hollunder sprosse,
Sunscht wird em Bür d'Miene verdrosse!«

»Im April muß der Holunder sprießen,
Sonst wird es dem Bauer die Miene verdrießen!«

Der Holunderbaum spielt im elsässischen Brauchtum eine ganz besondere Rolle. Nicht nur, daß man seine Blüten zu Gebäck verarbeitet, seine Beeren zu Sirup, Gelee, Likör oder Wein und daß die Kinder aus den Zweigen und Ästen Pfeifen und Flöten herstellen, er gilt ganz allgemein als gesundheitsfördernd und glückbringend. Um sich und die Familie vor Unheil zu schützen, grub man einst abgeschnittene Haare oder ausgefallene Zähne an seinem Fuß ein. Der »Hollerbaum«, der wie der Nußbaum zu jedem Bauernhof gehörte, ernährte, heilte, brachte Freude und schützte.

Für den Teig:
125 Gramm Mehl
2 Eier, getrennt
1 Prise Salz
1 Eßlöffel Zucker
1/4 Liter helles Bier
Frisch gepflückte Holunderdolden
Fett zum Ausbacken

Das Mehl in die Teigschüssel geben. Mit dem Eigelb, Salz, Zukker und Bier verrühren. Der Teig muß ziemlich flüssig sein. Mindestens eine 1/2 Stunde stehen lassen. Eiweiß steif schlagen und vorsichtig beimengen. Holunderblüten waschen und auf Küchenkrepp abtropfen lassen. Den Stiel bis auf 2 cm abschneiden. Die Dolden in den Teig eintauchen und in heißem Fett etwa 2 Minuten ausbacken. Auf einem Tuch oder Küchenkrepp abtropfen lassen.
Wer's mag, kann die gebackenen Blüten mit etwas Zucker und Zimt bestreuen.
Auch Akazienblüten kann man so zubereiten.

Fasenachtskiechle

50 Gramm Bierhefe
1/4 Liter Milch
500 Gramm Mehl
75 Gramm Butter
2 Eier
1/2 Gläschen Kirschwasser
3 Eßlöffel Zucker
1 Prise Salz
Füllung: Johannisbeergelee oder Aprikosenmarmelade

Die Hefe in der lauwarmen Milch auflösen. Das Mehl in eine große Teigschüssel sieben. Die weiche Butter, die Eier, den Schnaps, die Milch mit der Hefe, den Zucker und das Salz dazugeben und den Teig kneten, bis er ganz glatt ist und nicht mehr an der Schüssel klebt. Mit einem Tuch zudecken und in einem möglichst warmen Raum eine gute halbe Stunde aufgehen lassen. Den Teig etwa einen Zentimeter dick auswellen. Mit einem Wasserglas, das immer wieder in Mehl getaucht wird, Kreise von etwa 6 cm Durchmesser ausstechen. Auf die Hälfte der Kreise kleine Häufchen Gelee oder Marmelade setzen. Den Rand leicht mit Wasser bestreichen und jeweils einen zweiten Kreis aufsetzen. Am Rand fest andrücken.

Die backfertigen Fasenachtskiechle auf ein Tuch legen und eine weitere halbe Stunde aufgehen lassen. Im nicht allzu heißen Fett schwimmend etwa 3 Minuten auf jeder Seite ausbacken.

Abtropfen lassen, mit Zucker (oder einer Zucker-Zimt-Mischung) bestreuen.

Der Tradition der Fasenachtskiechle, einst auch Fastenküchle genannt, bleiben viele elsässische Familien bis heute treu. In der Fastenzeit waren Eier untersagt, also machte man unmittelbar davor noch schnell einen Berg Fasenachtskiechle, um die Eier aufzubrauchen. Auf dem Land sollen die Bäuerinnen das erste, das frisch aus dem Fett kam, sogar den Hühnern verfüttert haben, damit diese auch das ganze Jahr über tüchtig legen.

Fasenachtskiechle wurden außerdem in großen Mengen verschenkt: an die Kinder, an die Nachbarn, die Verwandten und an die zukünftigen Soldaten. Die Küchle gaben in Verbindung mit einer dicken Gemüsesuppe ein vollständiges Essen ab, und in Großfamilien waren sie Anlaß zu heiteren Wettessen.

Ein hübsches Sprichwort lautet: »Kiechle were g'macht, un wenn de Huissier uff'm Pfannestiel hockt« – sie werden auf jeden Fall gemacht, selbst wenn der Gerichtsvollzieher auf dem Pfannenstiel sitzt. Auch hier wieder ein Beweis, daß Armut für die Elsässer kein Grund zum Sparen ist, zumindest nicht beim Essen.

Schankala

200 Gramm Zucker
4 Eier
350 Gramm Mehl
100 Gramm Butter
125 Gramm geriebene Mandeln
1 Prise Salz
1/2 Gläschen Kirschwasser
1 Messerspitze Zimt

Zucker und Eier schaumig rühren. Nach und nach das Mehl, die flüssige Butter, die Mandeln, das Salz und das Kirschwasser zufügen.
Den Teig sorgfältig kneten und mindestens eine Stunde ruhen lassen. Teigmasse in Streifen teilen, die auf einem Holzbrett zu fingerdicken Würstchen gerollt werden. (In meiner Familie wurden sie zudem etwas gekrümmt.) Im heißen – nicht allzu heißen – Öl etwa 5 Minuten fritieren. Wenn die Schankala schön goldgelb sind, nimmt man sie heraus und läßt sie abtropfen oder man legt sie auf Küchenkrepp. Mit Zucker und Zimt bestreuen.
Schankala gibt es in der Adventszeit und bis Weihnachten, zusammen mit anderem Weihnachtsgebäck, und danach wieder zu Fastnacht.

Osterlämmele

Eine Tradition, die bis heute lebendig geblieben ist: in irdenen Formen werden Lämmer gebacken, die, mit einem Papierfähnchen versehen, zur Osterzeit die Auslagen der Bäcker und Konditoren schmücken.

Dazu verwendet man in der Regel einfachen Kugelhupfteig, manchmal aber auch Biskuitteig. Kugelhupflämmer schmekken am besten zum Frühstück, Biskuitlämmer zum Nachmittagstee.

Biskuitteig für 2 Lämmer:
4 Eier, getrennt
100 Gramm Zucker
100 Gramm Butter
50 Gramm Mehl

Eigelb und Zucker schaumig rühren. Flüssige Butter und Mehl hinzugeben. Eiweiß zu Schnee schlagen, vorsichtig unter den Teig mischen.
Die Backformen müssen sehr sorgfältig eingefettet werden, sonst bleibt der Teig in den vielen Windungen hängen, und das Lamm wäre nicht mehr zu erkennen. Bei mittlerer Hitze (180 °C) 45 Minuten bakken. Wenn das Osterlamm abgekühlt ist, mit Puderzucker einstäuben.

Manala
22F les

Schwowebredle

Daß die elsässische Küche den verschiedensten Einflüssen aus Ost und West ausgesetzt war, wurde bereits ausführlich geschildert. Daß aber der große Klassiker unter dem elsässischen Weihnachtsgebäck ausdrücklich »Schwabenbrötle« genannt wird, zeugt eigentlich nicht ausgesprochen von christlicher Nächstenliebe. Man muß nämlich wissen, daß die Bezeichnung »Schwob/Schwowe« in der Regel ein Schimpfwort ist und sich nicht nur auf die eigentlichen Schwaben, sondern auf die Deutschen insgesamt bezieht (»Schwob« wäre etwa die elsässische Übersetzung für das französische »Boche«.)

500 Gramm Mehl
250 Gramm Butter
250 Gramm Zucker
250 Gramm geriebene Mandeln oder Haselnüsse
3 Eier
1 Prise Salz
1 Prise Zimt
1 Zitrone
1 Eigelb

Mehl in eine Teigschüssel geben. Zitronenschale abreiben. Die weiche Butter, den Zucker, die Mandeln oder Haselnüsse, die Eier und die Gewürze dazugeben und zu einem festen Teig kneten.
Den Teig über Nacht ruhen lassen. Etwa 3 Millimeter dick auswellen und mit Weihnachtsförmchen ausstechen. Mit Eigelb bestreichen und 10 bis 15 Minuten bei mittlerer Hitze backen.

Anisbredla

6 Eier
400 Gramm Zucker
500 Gramm Mehl
25 Gramm Aniskörner

Eier und Zucker nicht nur schaumig rühren, sondern so lange schlagen, bis der Zucker sich völlig aufgelöst hat. Mehl sieben und gleichzeitig mit den Aniskörnern langsam verrühren.
Den Teig in eine Backspritze mit glatter Tülle einfüllen. Ofenblech einfetten und mit etwas Mehl bestäuben. Kleine runde Teighäufchen auf das Blech spritzen. Mindestens 12 Stunden in einem nicht allzu kühlen Raum ruhen bzw. antrocknen lassen.
Etwa 20 Minuten bei 180 °C backen. Perfekt geglückt sind Anisbredla, wenn die Oberfläche weiß geblieben ist und sich *Stellala* gebildet haben (kleine Teigsockel oder Erhöhungen).
Im Oberland ist ein Weihnachtsteller ohne Anisbredla unvorstellbar. Aber vielleicht, weil diese Plätzchen sehr haltbar sind, hat man sie oft auch zu anderen Jahreszeiten vorrätig und bietet sie auch mal zu einem Glas Wein an.
Springerle werden nach dem gleichen Prinzip und aus dem gleichen Teig gemacht. Der Aufwand ist allerdings größer; wenn man jedoch so schöne alte Holzmodel besitzt, wie es sie in meiner Familie noch gibt, die von Generation zu Generation weitergegeben wurden, sollte man sich die Mühe unbedingt machen.

◁ Vorweihnachtlicher Bredalamarik in Colmar

Berawecke
Früchtebrot

- 500 Gramm gedörrte Birnen
- 300 Gramm Dörrzwetschgen
- 400 Gramm Korinthen
- 500 Gramm Feigen
- 500 Gramm Walnüsse (ohne Schale)
- 250 Gramm Orangeat und Zitronat
- 200 Gramm Zucker
- 1 Prise Gewürznelke (gemahlen)
- 1 Prise Muskat
- 1 Teelöffel Zimt
- 1 Prise Anis
- 1/2 Liter Kirschwasser oder Birnenschnaps
- 400 Gramm Mehl
- 2 Prisen Salz

Das Dörrobst kleinschneiden, die Nüsse hacken und mit den Gewürzen und dem Zucker vermengen. Die Masse in Kirschwasser oder Birnenschnaps einlegen und 24 Stunden oder länger ziehen lassen. Mehl und Salz beifügen und kräftig durchkneten. Zwei oder drei längliche Brote formen. Mit Mandelkernen oder Nüssen garnieren. Auf ein Backblech legen und eine Nacht ruhen lassen.
Eine gute Stunde bei 200°C backen.
Man kann auch einen Hefeteig verwenden (500 Gramm, Rezept siehe Kugelhupf, S. 116), in den man die Frucht- und Gewürzmischung einarbeitet. Ansonsten ist die Zubereitung identisch.

Pain d'épice
Lebkuchen

Daß der oft zitierte Geiler von Kaysersberg dem Lebkuchen eine ganze Predigt widmete – in der er zwischen Jesus Christus und diesem Gebäck nicht weniger als 12 Gemeinsamkeiten hervorhob – ist Beweis genug dafür, daß die Lebkuchentradition im Elsaß eine alteingesessene ist. Dabei hat sich auch er vermutlich in der Etymologie geirrt, denn das althochdeutsche »lebbe« bedeutet zunächst einmal »süß«. Das Lebkuchenrezept, das ich bei meiner Mutter gefunden habe, stammt aus den Damenkreisen der protestantischen Mission in Straßburg: Geselligkeit war unmittelbar vor und nach dem 2. Weltkrieg meist auch mit Missionsauftrag verbunden und zweimal im Jahr wurden große Verkaufsbazare organisiert. Dort wurden u. a. auch Lebkuchen verkauft. Die Einnahmen wurden nach Lambarene an Dr. Albert Schweitzer geschickt. Meine Mutter war zwar weder Elsässerin noch Protestantin, beteiligte sich aber an solchen »guten Werken«. Daher das Rezept:

- 250 Gramm Honig (Tannenhonig aus den Vogesen)
- 500 Gramm Mehl
- 150 Gramm Zitronat und Orangeat
- 125 Gramm Zucker
- 120 Gramm geriebene Mandeln
- 75 Gramm Butter
- 1 Ei
- Lebkuchengewürz:
- 50 Gramm gemahlener Zimt
- 2–3 Gramm gemahlene Nelken
- 1 Gramm Kardamom
- 5 Gramm Hirschhornsalz
- 3 Gramm Pottasche
- 1 Gläschen Rum oder Kirschwasser

Glasur:
150 Gramm Puderzucker
1–2 Teelöffel Rum oder Kirschwasser
1 Teelöffel Zitronensaft

Den Honig durch vorsichtiges Erhitzen verflüssigen. Zitronat und Orangeat kleinhacken. Alle Zutaten mit dem Honig vermischen und zu einem festen Teig kneten. Kühl stellen und ein paar Stunden, am besten über Nacht, ruhen lassen.
Den Teig etwa 4 mm dick ausrollen und mit der gewünschten Form ausstechen (weit verbreitet ist im Elsaß die Zungenform).
Bei 150 °C im vorgeheizten Ofen etwa 12 Minuten backen.
Eine Glasur aus Puderzucker, etwas Rum oder Kirschwasser und Zitronensaft rühren und auf die erkalteten Lebkuchen streichen. In einer Blechdose verpackt, kann man solche Lebkuchen gut und gern zwei Monate aufbewahren.

Köjlupf – Kouglof
Kugelhupf

Wenn anläßlich einer Umfrage über das Touristik-Image des Elsaß eine Frage lauten würde: »Was verbinden Sie mit dem Elsaß?«, dann käme als Antwort mindestens ebenso häufig wie »Straßburger Münster«, »Störche«, »Münsterkäse« oder »Sauerkraut« die Auskunft: »Kugelhupf«. Auf den niedlichen Kitschpostkarten aus dem Elsaß lächelt uns doch so oft eine strahlende Jung-Elsässerin mit Schleifentracht entgegen: Stets trägt sie auf einem Tablett einen Prachtkugelhupf. Kugelhupf ist also nicht nur ein Kuchen und eine kulinarische Eigenheit, Kugelhupf ist ein Symbol, das für diesen Landstrich steht.

Amüsant ist, daß weder der Ursprung des Kuchens selbst, noch die Herkunft des Namens klar ist. Einige Sprachwissenschaftler behaupten, Kugelhupf sei die Zusammenfassung von »Kugel« und »höpfen«, was soviel wie »aufgehen« (des Hefeteigs) bedeute. Im übrigen sei die Nähe zum »Gugelhüet« (ein runder, kugelförmiger Hut aus dem 14. Jahrhundert) nicht zu übersehen, woraus wiederum das Wort »Gogel« (elsässisch: Hut) entstanden sei. Das Wort Kugelhupf taucht erst in den Kochbüchern des 19. Jahrhunderts auf; die ältesten Kugelhupfformen, die im »Musée alsacien« in Straßburg aufbewahrt werden, stammen

aus dem späten 17. und dem 18. Jahrhundert. Die weniger ausschließlich landsmannschaftlich Eingestellten meinen, der berühmte elsässische Kuchen käme in Wahrheit ursprünglich aus Österreich und Marie-Antoinette habe ihn wenn nicht eingeführt, so doch in Mode gebracht.
In Erckmann-Chatrians Roman *L'ami Fritz* – siehe Einleitung – läßt sich der eingefleischte elsässische Junggeselle Fritz, der eine so ausgeprägt starke Beziehung zu allem Eßbaren hat, letzten Endes zur Ehe bekehren, weil Suzel eine so geniale Köchin ist und ganz famose »Küechel« und Kugelhüpfe bäckt.
Jedenfalls ist bis heute im Elsaß kein Fest ohne Kugelhupf denkbar. Am Sonntag steht er auf dem Frühstückstisch. Bei Taufen, Hochzeiten und anderen Familienfesten wird er in Riesenmengen gebakken und an Nachbarn, Freunde und Verwandte verschenkt.

Kugelhupf

500 Gramm Mehl
25 Gramm Hefe
1/4 Liter Milch
150–200 Gramm Butter
75 Gramm Zucker
1 Prise Salz
1 Ei
1 Gläschen Kirschwasser
50–100 Gramm Rosinen
100 Gramm Mandeln

Das Mehl in eine Schüssel sieben. Die Hefe in lauwarmer Milch auflösen. Mehl, Butter, Zucker, Salz und Ei zu einem Teig vermengen und heftig kneten. Wer's mag, kann ein Gläschen Kirschwasser hinzufügen. Ganz allmählich die Milch mit der Hefe untermengen. So lange kneten, bis der Teig sich leicht von der Schüssel löst. Die Rosinen in den Teig einarbeiten.
Eine Kugelhupfform mit Butter einfetten. Mandeln in die Rillen legen und die Form zur Hälfte mit Teig füllen. An einen zugfreien Platz stellen und aufgehen lassen. (Mehr oder weniger lang, je nach Zimmertemperatur.)
Bei 180°C ca. 50 bis 60 Minuten backen. Kurze Zeit ruhen lassen, dann aus der Form lösen und mit Puderzucker bestreuen.
Bei patriotischen Anlässen binden überzeugte Elsässer blau-weiß-rote Schleifchen um den Kugelhupf... vielleicht um daran zu erinnern, daß er auch mit den feierlichen Stunden der elsässischen Geschichte in Verbindung gebracht werden kann: Als Straßburg am 23. November 1944 von den deutschen Besetzern befreit wurde, boten junge Mädchen in Elsässer Tracht den alliierten Siegern auf dem Place Kléber Kugelhupf und Wein an.

Speckkugelhupf

Bereits im 19. Jahrhundert kannte man auch den »salzigen« Kugelhupf mit Speckwürfeln, der offenbar vor einigen Jahren von den Pâtissiers neu entdeckt wurde. Schließlich ist er eine viel passendere Beigabe zum Aperitif als der süße.
Die Zubereitung ist die gleiche wie beim klassischen Kugelhupf, nur daß man den Zucker bis auf einen Teelöffel wegläßt. Die Rosinen ersetzt man durch die gleiche Menge klein gewürfelten Räucherspeck.

»Vin d'honneur« ▷

Kwetschelküeche – Zwatschgawaja Zwetschgenkuchen

Mürbeteig für den Boden (Rezept S. 34)
1,5 Kilo Zwetschgen
1–2 Eßlöffel Zucker
1 Prise gemahlener Zimt
1 Ei
0,1 Liter süße Sahne

Für den Schriftsteller André Maurois, der zwar in der Normandie zur Welt kam und aufwuchs, aber dessen Eltern beide elsässischer Abstammung waren, bedeutete der Zwetschgenkuchen die verlorene Kindheit und war zugleich das Symbol der eigentlichen Heimat. »Bis heute in meinem hohen Alter erinnert mich ein Zwetschgenkuchen an die Tage der Unschuld, des Naschens und der Andacht, als das Elsaß für die Dauer eines Essens in unserem Haus in der Normandie zum Leben erweckt wurde«, schrieb er 1966, ein Jahr vor seinem Tod. Offenbar regte kein anderer Nachtisch so sehr die Phantasie der Elsässer an. Ein bis heute beliebtes Ratespiel hat folgende Frage zum Inhalt: Was schmeckt besser als ein Kwetschelküeche? Die Antwort lautet: Zwei Kwetschelküeche. Und in vielen gastronomischen Werken der vergangenen Jahrhunderte wird von der Geschichte jenes neurotischen Kwetschelküeche-Liebhabers aus Brumath berichtet, dessen immer wiederkehrender Wunschtraum es war, daß er eines Tages eigens für ihn die Straße von Brumath nach Straßburg mit Kwetschelküeche gepflastert fände! Den Traum könnte auch ein heutiger Elsässer noch weiterspinnen, denn in dieser Provinz wachsen laut Landwirtschaftskammer auch heute noch nahezu eine Million Zwetschgenbäume.

Eine runde Tarte-Form von 28–30 cm Durchmesser mit dem Mürbeteig auslegen. Zwetschgen waschen, halbieren, entsteinen und schön regelmäßig und dicht auf dem Kuchenboden auslegen. Mit etwas Zucker und Zimt bestreuen. Den Kuchen 20 Minuten bei 200°C backen. Das Ei mit der Sahne verschlagen und über den Kuchen geben. Weitere 20 Minuten bei 160°C backen. Wer wie ich, das Ei und die Sahne lieber wegläßt, kann den Kuchenboden und die Früchte mit Mandelsplittern bestreuen.

Rhabarbertarte

Das Grundrezept ist für alle Arten von Obstkuchen identisch. Man verfährt also im Prinzip wie beim Zwetschgenkuchen.

Mürbeteig für den Boden (Rezept S. 34)
1,5 Kilo Rhabarber
3 Eier, getrennt
3 Eßlöffel Zucker
1/4 Liter süße Sahne
1 Prise Salz
1 Eßlöffel Zucker

Rhabarber schälen und in kleine Stücke schneiden. Auf den Kuchenboden geben und 20 Minuten bei etwa 200 °C ohne Zucker backen (damit der Rhabarber nicht allzuviel Flüssigkeit zieht und den Boden nicht aufweicht). Eigelb, Zucker und Sahne schlagen und über den Kuchen geben. Weitere 20 Minuten bei etwa 160 °C backen. Eiweiß mit einer Prise Salz und einem Eßlöffel Zucker steif schlagen. Die Masse auf den Kuchen streichen und im sehr heißen Backofen, bei ca. 250 °C (eventuell auch unter dem Grill) 5 Minuten überbacken.

Mirabellentarte

Mürbeteig für den Boden (Rezept S. 34)
1,5 Kilo Mirabellen
2 Eßlöffel Zucker
1 Eßlöffel Zitronensaft
evtl. 2 Eier und 1/4 Liter süße Sahne

Gleiche Zubereitung wie bei Zwetschgenkuchen. Mirabellen sind jedoch in der Regel süßer als Zwetschgen, deshalb kann es nicht schaden, wenn man etwas Zitronensaft über die Früchte träufelt. Den Zucker läßt man je nach Reifegrad der Früchte am besten ganz weg. Auch die Eier- und Sahnemischung fügt man nur hinzu, wenn man von »Zuckermäulern« umgeben ist, denn auch sie trägt in der Regel dazu bei, die Säure der Früchte zu neutralisieren.

Vins doux et liqueurs

Süßwein und Likör

Das Eßzimmerbuffet meiner Großmutter Marie riecht in meiner Erinnerung noch immer nach Nussawii. Oder war es umgekehrt? Rochen die Nussawiireste – es standen darin ein paar angebrochene, vermutlich seit Jahrzehnten unberührte Flaschen mit dickflüssigem, braunem Inhalt – nach Nußbaumholz? Das Buffet mußte längst umziehen in exotische Gefilde, in meine andere Heimat nämlich; es wurde umfunktioniert und gibt heute einen Wäscheschrank ab. Aber der Geruch ist geblieben: die Leintücher riechen – für mich ganz unverkennbar – nach Großmutters Nussawii.
Wahrscheinlich standen einst auch noch andere Flaschen darin, Mirabellenschnaps, Kirschwasser, Kwatschawasser, Himbeergeist, Vogelbeerschnaps, aber auch Selbstgemachtes, Gesundes, Heilendes: Sauerkirschen in Schnaps, Kamillenlikör, Arnika, Kanzisdriwalawii, Tannaspitzlalikör…

Die Fecht in Ingersheim

Sauerkirschen in Schnaps

Für ein Kilo Sauerkirschen:
1 Liter Kirschwasser
250 Gramm Zucker

Einmachgläser sorgfältig mit kochendem Wasser auswaschen, umdrehen und auf ein frisches Geschirrtuch zum Trocknen stellen.
Die Kirschen mit Stiel waschen, abtropfen und ebenfalls völlig trocknen lassen. Stiele auf 2–3 cm kürzen.
Kirschen in die Einmachgläser einschichten, die einzelnen Lagen immer wieder mit Zucker bestreuen. Mit Kirschwasser übergießen (die Früchte müssen ganz bedeckt sein). Gläser verschließen und in einem kühlen, dunklen Raum aufbewahren. Mindestens drei Monate stehen lassen. Solche Schnapskirschen schmekken hervorragend zum Eis. Aber auch nur mit ein paar Anisbredla (Rezept Seite 113) sind sie als Nachtisch nicht zu verachten. Wenn sie in einem Biskuitteig mitgebacken werden, schadet das dem Biskuit auch nicht.

Maiewii
Maibowle

Schon Karl der Große soll Maiewii getrunken haben. Vielleicht haben Historiker eine genauere biographische Erklärung für die Gründe, die ihn dazu bewogen haben: Maiewii soll gegen böse Schwiegermütter und sonstiges Unheil schützen; er soll Greisen das Blut erneuern, jung und alt das Herz stärken und fröhlich stimmen…

1 Liter Sylvaner
75 Gramm Zucker
2 Handvoll Waldmeisterzweige mit Blüten
$^1/_2$ Flasche Crémant d'Alsace

Wein und Zucker werden langsam erhitzt, die Flüssigkeit darf nicht heftig kochen. Die Waldmeisterblüten in einen großen irdenen Topf geben und den heißen Wein darübergießen. Abkühlen lassen, abgießen und kalt stellen. Vor dem Servieren eine halbe Flasche Crémant d'Alsace dazu geben. Ein erfrischendes Getränk für die ersten heißen Tage im Jahr.

Liqueur de cassis
Likör von schwarzen Johannisbeeren

- 1 Kilo Zucker
- 1 Kilo schwarze Johannisbeeren
- 1 Liter Obstschnaps

Zucker, Beeren (leicht zerdrückt) und Schnaps mischen und in einem großen Glasgefäß (am besten in einer Ballonflasche) 40 Tage lang oder länger in die Sonne stellen. Den Likör durch ein sauberes Tuch filtern, in Flaschen abfüllen und noch ein bis zwei Monate stehen lassen, diesmal im Keller oder im Schnapsschrank.
Ein Schuß von diesem Likör und dazu Pinot Blanc oder Crémant d'Alsace – ein wunderbar erfrischendes Sommergetränk.

Kanzistriwalawii
Johannisbeerwein

- 1 Kilo rote Johannisbeeren
- 1 Liter Pinot noir oder Riesling
- 500 Gramm Zucker pro Liter Flüssigkeit
- 1/4 Liter Schnaps

Die Johannisbeeren sorgfältig verlesen, abrebeln und in einem großen Glasgefäß etwas zerdrücken. Den Wein darübergießen und zwei Tage kühl stehen lassen.
Die Masse durch die flotte Lotte drehen und anschließend zum Filtern durch ein Tuch in einen großen Topf drücken (oder in einer Saftpresse gründlich auspressen). 500 Gramm Zucker pro Liter Flüssigkeit hinzufügen und langsam erhitzen. 5 Minuten köcheln lassen.
Vom Feuer nehmen und den Schnaps zufügen. Abkühlen lassen und in Flaschen abfüllen. Die Flaschen mit guten Korken verschließen und mindestens drei Monate im Keller lagern.
Kanzistriwalawii trinkt man kühl, als Aperitif oder auch zum Nachtisch.

Nussawii

Das Getränk soll sehr gesund sein und vornehmlich den mäßigen Genießer jung halten.

- 24 grüne Walnüsse
- 1 Kilo Zucker
- 2 Liter Rotwein
- 1 Liter Schnaps

Die Walnüsse sollen am Johannistag, am 24. Juni, gepflückt werden. Eine Tradition, die durchaus begründet ist: Die Früchte sollen schon ihre endgültige Größe erreicht haben, aber noch so weich sein, daß man sie ohne Schwierigkeit zerteilen kann. Dieses Stadium haben sie Ende Juni erreicht. Falls die Johannisfeuer aber dazu verführt haben, zuviel zu tanzen und zu feiern, falls also Gefahr besteht, daß man vom Baum fällt, kann man das Pflücken auch noch auf die Tage danach verschieben...

Die Nüsse werden geviertelt und samt grüner Schale in eine große Korbflasche gelegt. Auch wer ungern mit Gummihandschuhen arbeitet, wäre gut beraten, in diesem Fall welche anzuziehen, denn nichts hinterläßt so haltbare braune Spuren auf der Haut, wie grüne Nüsse (schließlich hat man früher auch Holzbeize damit gemacht!). Man bedeckt sie, die Nüsse natürlich, mit Zucker und übergießt sie mit Rotwein und Schnaps – manche Leute behaupten, Zwetschgenwasser eigne sich am besten. Danach läßt man sie 40 Tage stehen (mehr schadet auch nicht). Sie hin und wieder umzurühren, soll dem Gebräu guttun.

Dann wird der Nussawii gefiltert (durch ein sauberes Tuch passiert) und in Flaschen abgefüllt.

Warmer Vin-chaud-Wyn

Man weiß, daß Kinder aus sprachlichen »Mischehen«, bzw. Kinder, die zur Zweisprachigkeit erzogen werden, dazu neigen, alles, was sie ihren Eltern erzählen, in beiden Sprachen zu wiederholen – sei es, um sicherzugehen, daß sie von beiden Elternteilen verstanden werden, sei es ganz einfach aus Freude am Sprechen. Warum die sonst so ehrpuseligen Elsässer, die es nicht leiden können, wenn man sich ihrer Sprache wegen über sie lustig macht, an klirrend kalten Wintertagen »warme-Vin-chaud-Wyn« trinken, vor der komischen doppelten Tautologie also nicht zurückschrecken, ist mir ein Rätsel. Vielleicht sind auch sie von der kindlichen Freude an der Sprache beflügelt, es sei denn, das Getränk selbst stimmt sie so fröhlich, daß sie ihre Zurückhaltung vergessen. Ein Wort der Erklärung hätte ich mir vom elsässischen Soziologen Julien Freund erwartet, der sich so häufig als Wissenschaftler über elsässische Eß- und Trinkgepflogenheiten ausgelassen hat. Aber zu diesem speziellen Thema schweigt auch er...

- 1 Liter Gewürztraminer oder Tokay – Pinot gris (oder auch Rotwein)
- Schale von 1 unbehandelten Zitrone
- Schale von 1 unbehandelten Orange
- 250 Gramm brauner Zucker (Rohzucker)
- 1 Glas Wasser
- 1 Stange Zimt
- wahlweise: 1 Sternanis oder
- 2–3 Gewürznelken
- Orangen- oder Zitronenscheiben

Den Wein mit der Zitronen- und Orangenschale und den anderen Zutaten zum Kochen bringen und ein paar Minuten köcheln lassen. Zimt, Orangen- und Zitronenschale, sowie Sternanis oder Gewürznelken entfernen.

In jedes Glas eine dünne Scheibe Orange oder Zitrone geben. Die heiße Flüssigkeit darübergießen. An kalten Winterabenden mit Lebkuchen oder Anisbredla servieren. (Rezepte S. 113, 114.)

Auf dem Weg zum Landersen ▷

Conserves et condiments

Eingemachtes

Im Zeitalter der Tiefkühltruhen neigt man sogar in ländlichen Haushalten dazu, zu vergessen, daß es viele andere Arten gibt, Obst und Gemüse zu konservieren, zumal Einmachen, Marmelade- und Gelee-Kochen und ähnliche Dinge mit viel Aufwand verbunden sind. Wer jedoch an einem unfreundlichen Wintermorgen ein Glas selbstgemachte Himbeer- oder Erdbeermarmelade öffnet, fühlt sich tausendfach für die Mühe belohnt. Und wer zu einer Münstertäler Tourte oder zu einer kalten Fleischpastete selbst eingelegte Gürkchen oder Essigzwetschen zu servieren in der Lage ist, den wird der Beifall der Gäste vergessen lassen, wie sehr er sich geärgert hat, weil er mehrmals umsonst zum Markt gegangen ist, um die ganz pflückfrischen Cornichons zu erstehen, oder weil er im Supermarkt keinen anständigen Weinessig gefunden hat (was ihn allerdings dazu veranlassen sollte, endlich Omas Essigfäßchen vom Dachboden zu holen und sich eine Essigmutter zu besorgen!).

Kirschen in Essig

1 Kilo Kirschen
1/2 Liter Weinessig
500 Gramm Zucker
1 Prise Zimt
5 Gewürznelken
1–2 Lorbeerblätter
1 Glas Rotwein

Kirschen entstielen, aber nicht entsteinen. Essig, Wein, Zucker und Gewürze aufkochen, einige Minuten ziehen und abkühlen lassen. Kirschen in einen Steinguttopf füllen und mit der erkalteten Flüssigkeit übergießen. Die Kirschen müssen ganz bedeckt sein. Mindestens einen Monat (mit Dekkel) im Keller aufbewahren. Die Essigkirschen können auch in Einmachgläsern, kurz sterilisiert, aufbewahrt werden.

Zwetschen in Essig

Gleiche Zutaten und gleiche Mengen wie bei den Essigkirschen; schmecken zu Fleischpasteten oder zu kaltem Braten.

Weintrauben in Essig

1 Kilo Weintrauben
1/2 Liter heller Weinessig
1 Glas Sylvaner
500 Gramm Zucker
5 Gramm gemahlener Zimt
5 Gewürznelken
1–2 Lorbeerblätter

Die Trauben von den Stielen rebeln, waschen und trocknen. Essig, Wein, Zucker und Gewürze zum Kochen bringen, 5 Minuten sieden und abkühlen lassen. Die Trauben in ein Steingutgefäß oder in Einmachgläser füllen und mit der Flüssigkeit übergießen. Mindestens einen Monat kühl lagern. Wer größere Vorräte anlegen will, kann die Essigtrauben auch sterilisieren. Essigtrauben schmecken zu allen Arten von Fleischpastete.

Airelles
Preiselbeeren, süßsauer

1 Kilo Preiselbeeren
500 Gramm Zucker
1/4 Liter Weinessig (weiß)

Preiselbeeren mit Zucker und Essig 10 Minuten kochen. In Einmachgläser füllen, verschließen und abkühlen lassen. Beim Abkühlen verschließen sich die Gläser luftdicht und können somit mehrere Monate aufbewahrt werden. Die Preiselbeeren schmecken hervorragend zu Wildpasteten.

Cornichons
Saure Gürkchen

1 Kilo Cornichons
200 Gramm Perlzwiebeln
1–2 Lorbeerblätter, etwas zerkleinert
3 Gewürznelken
1 Teelöffel gemischte Pfefferkörner
2 Eßlöffel Senfkörner
1 Eßlöffel Fenchelkörner
1 Liter Weinessig
1 Liter Wasser
100 Gramm Salz
100 Gramm Zucker

Damit die Cornichons schön knackig bleiben, muß man darauf achten, daß man sie ganz frisch gepflückt kauft und sofort verarbeitet.
Die Gürkchen waschen und bürsten, um die kleinen Borsten zu entfernen.
Die Silberzwiebeln schälen und waschen. Abwechselnd in Einmachgläser schichten, immer wieder die gemischten Gewürze dazwischenstreuen.
Essig und Wasser mit Salz und Zucker aufkochen. Die kochende Flüssigkeit in die Einmachgläser gießen. Sofort mit Gummiringen verschließen. In den meisten Fällen genügt das Vakuum, das durch das Abkühlen der Flüssigkeit entsteht, um die Gläser luftdicht zu verschließen. Um sicher zu sein, daß es keine Panne gibt, kann man die Gläser natürlich auch zehn Minuten sterilisieren (im Einkochtopf oder im Backofen).

Petits oignons alsaciens
Perlzwiebeln

1 Kilo Perlzwiebeln
1/2 Liter Wasser
1/2 Liter Weinessig (weiß)
2 Eßlöffel Zucker
1 Eßlöffel Salz
1–2 Lorbeerblätter
3 Gewürznelken
1 Teelöffel schwarze Pfefferkörner
2 Eßlöffel Senfkörner
1 vorsichtige Prise Cayenne-Pfeffer
100 Gramm Rosinen
2 Eßlöffel Tomatenmark

Silberzwiebeln schälen. Mit Wasser und Essig übergießen. Alle Gewürze und die Rosinen hinzufügen. Einige Minuten kochen – die Zwiebeln dürfen nicht weich werden. Tomatenmark einrühren. Heiß in Einmachgläser füllen und verschließen. Beim Abkühlen werden die Gläser hermetisch verschlossen und somit können die Zwiebeln mehrere Monate aufbewahrt werden. Zu Pasteten und kaltem Schweinebraten servieren.

Catys Quittenkonfitüre

Confiture de mirabelles
Mirabellenmarmelade

- 1 Kilo Mirabellen
- 800 Gramm Zucker
- Saft 1 Zitrone
- 1 Gläschen Mirabellenschnaps

Die Früchte waschen und abtropfen lassen. Entsteinen und in einen großen Topf füllen. Zucker, Zitronensaft und Mirabellenschnaps zufügen und umrühren. Mindestens eine Stunde ziehen lassen. Unter ständigem Rühren zum Kochen bringen. Eine halbe Stunde weiterköcheln. Je nach Vorliebe Marmelade so belassen oder im Mixer pürieren.

In Gläser füllen, Gläser verschließen. In einem möglichst kühlen und dunklen Raum lagern.

Ich bin immer wieder hin- und hergerissen zwischen »natürlichem« und weniger natürlichem Einkochen. Ich muß gestehen, daß ich bei jedem Versuch erneut zur Erkenntnis komme, daß mir Marmelade um so besser schmeckt, je weniger lange sie gekocht wurde. Also schrecke ich auch nicht davor zurück, mit Gelierzucker zu arbeiten, zumal die Zuckermenge in diesem Fall deutlich reduziert werden kann. Im übrigen benutze ich Gläser mit Deckeln, die ich sofort verschließen kann, wenn ich die heiße Marmelade (fast randvoll) eingefüllt habe. Zum Abkühlen stelle ich die Gläser auf den Kopf: Es entsteht ein Vakuum, wodurch die Gläser luftdicht verschlossen, also so gut wie sterilisiert sind. Außerdem spüle ich die Gläser, bevor ich sie fülle, mit einem Obstschnaps aus, was sie sicherlich keimfreier macht als schlichtes Spülwasser. Allerdings sollte man wirklich darauf achten, daß der Schnaps geschmacklich zur Marmelade paßt. Als ich unlängst irrtümlicherweise Enzianschnaps für meine Kirschmarmelade verwendete, mußte ich feststellen, daß meine Marmelade mehr nach Enzian als nach Kirschen schmeckte… Gin ist am geschmacksneutralsten.

Confiture de quetsches
Zwetschgenmarmelade

- 1 Kilo Zwetschgen
- 1 Kilo Zucker
- 1 Stange Zimt
- Wenn die Zwetschgen sehr reif sind: Saft 1/2 Zitrone

Genauso verfahren wie mit den Mirabellen. Wer den Geschmack mag, kann auch etwas Sternanis mitkochen.

Le foie gras de Strasbourg

Die Straßburger Gänseleber

Noch habe ich es nicht gewagt, Herrn Doktor Horst Schirner, den Attaché der Bundesrepublik Deutschland beim Europarat, um eine Audienz in seiner Straßburger Residenz zu bitten. Ich wüßte wohl auch nicht so recht, worüber mit ihm Konversation zu machen wäre. Es gibt nur einen einzigen Grund – einen kulinarisch-kultischen gewissermaßen –, weshalb es zu meinen sehnlichsten Wünschen gehört, in sein diplomatisches Domizil Einlaß zu erhalten. Ich würde gar zu gern seine Küche besichtigen.

Nicht, daß ich ein Küchenfetischist wäre. Auch glaube ich nicht, daß Diplomatenküchen heutzutage besonders sehenswert oder gastronomisch aufschlußreich sind, die von deutschen Diplomaten vermutlich schon gar nicht. Aber: »voir Naples et mourir«, sagen meine Landsleute manchmal, und jeder trägt sein Neapel irgendwo im Herzen. Meine persönliche Variante ist eben die Küche des Hauses Rue Jean-Jacques Rousseau Nr. 19, deren Boden ich küssen will... aber danach möchte ich ganz und gar nicht sterben.

Hier, in dieser heiligen Halle, entstand im Jahre 1780 jene Pastete, von der Brillat-Savarin berichtet, sie habe »im Augenblick des Auftragens sämtliche Unterhaltungen verstummen lassen, denn nun quollen die Herzen über... und auf allen Gesichtern leuchteten nacheinander das Feuer des Begehrens, die Ekstase der Wollust und die vollkommene Ruhe der Glückseligkeit auf«. Von der Straßburger Gänseleberpastete ist hier die Rede. Und wäre ich einst zu Gast in der Résidence de l'Île-Jars gewesen, wären mir vielleicht ähnlich emphatische Worte eingefallen.

Ich sehe der Gefahr ins Auge, daß nun übereifrige Tierschützer oder andere Ideologen und Missionare mir, meinem Verleger, dem Ständigen Vertreter der Bundesrepublik in Straßburg oder wem auch immer Bomben unter den Küchentisch legen könnten. Aber Jean-Pierre Clause, der (lothringische!) Koch des Marschalls de Contades – der von 1762 bis 1788 Militärgouverneur im Elsaß war – hat für seinen Herrn, einen notorischen Gourmet und berühmten Gastgeber (damals wie heute wurde Politik wohl häufig auf dem Umweg über das Schlemmen betrieben), in eben jener Küche des von Contades umgebauten Château de l'Île-Jars die »Göttliche Speise« erfunden. Kreiert, würde man heute wohl eher sagen. Irgendwie kann man von Glück reden, daß Clause seine Kunst in Contades Privatresidenz ausgeübt hat, der Amtssitz des Militärgouvernements befand sich nämlich im heutigen Polizeikommissariat in der Rue de la Nuée Bleue... die Geschichte der Foie gras wäre durch diesen Umweg ins Kriminalistische nicht verschönt worden.

Aber besagter Jean-Pierre Clause war keineswegs der erste – obwohl auch dies ganz hübsch ins Bild der Zeit passen würde –, der (der Nachwelt zum Gaumenglück) die armen Gänse hat stopfen lassen. Erwiesen ist vielmehr, daß bereits die alten Ägypter und später, im ersten Jahrhundert vor Christi Geburt, die Römer das Stopfen von Gänsen praktizierten. Nicht Maiskörner wie heutzutage im Elsaß (und überall sonst, wo Geflügel gestopft wird) wurden den gefräßigen Tieren eingetrichtert, sondern Feigen. Auch wurden die Gänse nicht in kleine Kästen gesperrt, aus denen lediglich der Hals herausragte, um sie an kalorienzehrenden Bewegungen zu hindern. Die für die römischen Feinschmecker bestimmten Gänse wurden schlichtweg im Dunkeln gehalten, um unnütze Aktivität zu vermeiden. Das Fleisch der gestopften Gans war also Scipio und Pompejus bekannt. Ob diese römischen Herrscher bereits von den Wonnen der Gänsestopfleber wußten – und wenn ja, in welcher spezifischen Zubereitung – ist meines Wissens nicht überliefert.

Die hausgemachte Foie-gras der Damen Jeannine und Marie Rumeau

Die Foie-gras-Metropole Straßburg ▷

Daß der Brauch oder die Kunst des Gänsestopfens sich später auf ganz Europa ausgedehnt hat, scheint vorwiegend mit den Speisevorschriften der gläubigen Juden in Verbindung zu stehen: Butter war so gut wie unbekannt, der Ölbaum war im wesentlichen im Mittelmeerraum angesiedelt und anderswo wurde Öl aus Nüssen gewonnen. Öl war und blieb jedenfalls ein Luxusprodukt. Das am häufigsten verwendete Fett stammte damals vom Schwein, einem für die Juden »unreinen« Tier. Also lag es auf der Hand, daß sie Gänse und vermutlich auch Enten mästeten, weniger des Fleisches als des Fettes wegen. Da nun die jüdischen Gemeinden im Elsaß – aus Gründen, die zu erörtern den Rahmen dieses Buches sprengen würde – im Lauf der Jahrhunderte immer größer wurden, hat hier das Mästen von Gänsen mehr als in anderen Gegenden Frankreichs eine fest verankerte Tradition. Laut Charles Gérard wurde das Geheimnis des Stopfens erst im 18. Jahrhundert von den Juden an die Gojims weitergegeben. »Die Juden hatten die bürgerliche Gleichheit gewonnen, aber das Geheimnis verloren, das sie einst aus der ewigen Stadt mitgenommen hatten, an jenem Tag vielleicht, als sie von den Vandalen geplündert wurde...« Ziemlich sicher ist, daß in Frankreich die Leber der gestopften Gans bis weit ins 18. Jahrhundert hinein nicht zum menschlichen Verzehr verwendet wurde. Daß jedoch ihr Geschmack ein besonders zarter war, erkannte wohl nicht erst Jean-Pierre Clause; weit verbreitet war die Erkenntnis aber nicht, als er mit diesem besonderen Produkt seine ersten Versuche machte. Sie gipfelten in der »Pâté à la Contades« – die später unter dem Namen »Pâté de foie gras de Strasbourg« weltberühmt wurde. Seine Pastete war, anders als heute üblich, mit einer Kalbfleischfarce umhüllt und in einen Teigmantel gepackt. »Von diesen unvergleichlich prächtigen Lebern nimmt er die größten heraus, hüllt sie in einen zierlichen Mantel von Teig ein, und goldgelb kommt die erste Pastete aus dem Ofen heraus. Ein talentvoller Koch hätte sich damit begnügt, jedoch Clause war ein Genie, und ein Genie kann sich nur mit einem vollkommenen Meisterstück zufrieden geben! Er sinnt hin und sinnt her – und findet schließlich… die Unsterblichkeit!« So schildert Auguste Michel, selbst ein würdiger Nachfolger von Clause, die verlockende Kreation. Der Legende zufolge soll Clause bald nach seiner Entdeckung den Besuch eines begabten Kollegen aus dem Südwesten Frankreichs erhalten haben, der den grandiosen Vorschlag machte, den zarten Geschmack der köstlichen Speise noch mit dem himmlischen Aroma der Périgord-Trüffel zu verfeinern. Diese Version der wundersamen Geschichte der Gänseleberpastete kursiert heute noch im Elsaß und anderswo. Ich mag ihr jedoch keinen Glauben schenken, seit ich mit großem Vergnügen gelesen habe, daß die sogenannte Périgord-Trüffel (»tuber melanosporum«), die heute vor allem in der Provence wächst, einst in erklecklichen Mengen im Elsaß vorkam. Am häufigsten gediehen Trüffel offenbar in den Nordvogesen, in der Hardt. In der Mitte des 18. Jahrhunderts bevorzugte der Königliche Statthalter von Straßburg allerdings die aus den Riedwäldern um Hindisheim und Limersheim, südlich von Straßburg, weil sie seiner Meinung nach die aromatischsten und überdies die selteneren waren. (Von Klinglin war ein verschwenderischer Gourmet und Gastgeber und ein absoluter »Trüffelfreak«: Er leistete sich einen Bediensteten, der nichts anderes zu tun hatte, als seine Küche stets mit den besten elsässischen Trüffeln zu versorgen. Man stelle sich einmal vor, es würde heute als Beamtenstelle die eines »Trüffeljägers« ausgeschrieben!) Daher also meine elsässisch-patriotische Überzeu-

gung, daß dem guten Clause seine Erfindung voll und ganz zuzuschreiben ist und daß ihm kein Kollege dreinredete. Wie dem auch sei, als Contades 1788 nach Paris zurückberufen wurde, wollte er seinen Koch dazu bewegen, ihm zu folgen. Aber Clause »war es leid, einem großen Herrn zu dienen; vielleicht sah er voraus, daß die Zeit der großen Herren bald vorüber sein würde; und da er im übrigen nach Unabhängigkeit strebte und obendrein auch noch verliebt war, beschloß er, in Straßburg zu bleiben«, schreibt Charles Gérard. Und so wurde denn aus

Altes, vom Colmarer Künstler Hansi gestaltetes Foie-gras-Etikett (mit der freundlichen Genehmigung des Archivs der Stadt Colmar)

der »Pâté à la Contades« die »Straßburger Gänseleberpastete«. Clause blieb im Elsaß, heiratete die Konditorswitwe Mathieu, und ließ sich in der Meisengasse Nr. 18 nieder, wo er fortan Gänseleberpasteten herstellte. Die Produktion war so erfolgreich, daß es ihm bald eine Reihe anderer Pastetenbäcker gleichtat. Doyen, der zweite Gänseleberspezialist, kam 1792 nach Straßburg. Edouard Artzner – sein Name wird heute noch als Marke verwendet – eröffnete 1803 sein Geschäft. Von diesem Zeitpunkt an und bis zum Ausbruch des Ersten Weltkrieges wuchs die Zahl der Gänseleberpastetenmacher in Straßburg und unmittelbarer Umgebung auf 54 an. Um 1885 begann Auguste Michel am Fuße des Münsters in der heutigen Rue Mercière mit seiner Produktion. 1904 siedelte er nach Schiltigheim um. Spätestens zu diesem Zeitpunkt begann die Herstellung der Straßburger Gänseleberpastete die Dimensionen einer Industrie anzunehmen.

Mittlerweile hatte sich der Transport beschleunigt, außerdem hatte sich die Appertsche Konservierungsmethode endgültig durchgesetzt, und somit konnte der Export des Straßburger Luxusproduktes weltweit organisiert werden.

Heute sind von diesen »conserveurs«, d. h. industriellen Foie-gras-Herstellern, nur noch wenige übrig – von den alten Marken bestehen z. B. noch Artzner und Feyel –, die meisten aber leben nur noch als Markennamen unter dem Dach eines Lebensmittelgroßkonzerns weiter.

Seit den siebziger Jahren erkennt der aufmerksame Beobachter jedoch neue Trends, die einhergehen mit mutigen Initiativen junger Landwirte. Als Jean Geistel aus Duttlenheim 1980 heiratete, überlegte er zusammen mit seiner jungen Frau, mit welcher Arbeit sie am ehesten im Dorf würden bleiben können. Auf Anraten eines Freundes, der damals in der Pastetenfabrik Feyel arbeitete, schaffte er 1981 versuchsweise 10 Gänse an, die er stopfte. Der Versuch verlief vielversprechend, und so wurden es 1982 bereits 250 Gänse. Bis 1985–86 lieferte er seine ganze Foie-gras-Produktion an die Firma Feyel. Als jedoch die Preise aufgrund massiver Importe stetig fielen, gaben die Geistels nicht etwa auf, sondern beschlossen umzudenken: noch einmal wollten sie investieren, ohne sich auf die Gefahr einer Monoproduktion einzulassen. Sie kauften Land, um den Maisanbau zu erweitern und um eine moderne Enten- und Gänsezucht aufzubauen. Heute, 1994, züchten und stopfen sie 6000 Enten, durchschnittlich 500 im Monat, und

1200 Gänse, die zwischen September und Weihnachten gestopft und geschlachtet werden. Dies entspricht einer Gesamtproduktion von zwei Tonnen Fettleber im Jahr, die Hälfte davon kommt zwischen Oktober und Neujahr auf den Markt. 80 % dieser Produktion wird direkt an den Endverbraucher verkauft, nur 20 % wird an Metzger und Pastetenbäcker, Restaurants und »Fermes-auberges« geliefert, denn seit 1986–87 geht die junge Madame Geistel mit den Gänse- und Entenlebern, aber auch mit dem Fleisch und mit hausgemachten Konserven auf die Straßburger Wochenmärkte. Seit dieser Zeit gehöre ich zu ihren Stammkunden, besuche sie aber gelegentlich auch in Duttlenheim, wo sie einen Direktverkauf in einem kleinen Laden neben ihrem Hof betreibt.

Jean Geistel und seine Frau sind längst kein Einzelfall mehr. Die elsässische Landwirtschaftskammer in der Person von Monsieur Jund betreut inzwischen 28 Mäster im Département Bas-Rhin und 8 im Département Haut-Rhin. Dieser Fachmann für Federvieh und passionierte Foie-gras-Liebhaber betreut sie das ganze Jahr über mit Rat und Tat und sorgt dafür, daß sie stets mit Informationen technischer und veterinär-medizinischer Art versorgt werden. Die elsässischen Mäster sind allesamt auch Züchter, ebenso besorgen sie das Schlachten der Tiere, und die meisten von ihnen verarbeiten auch die verschiedenen Produkte und bieten sie im Direktverkauf an.

Die industrielle Foie-gras-Produktion liegt im Elsaß derzeit etwa bei 360 Tonnen im Jahr, davon kommen nur 40 Tonnen von im Elsaß selbst gezüchteten und gemästeten Gänsen und Enten. Die Importe von Rohleber aus Ungarn, Polen und Israel haben noch immer den weitaus größten Anteil. (Ungarische Entenstopfleber kostet heute zwischen 125,– und 140,– FF pro Kilo, wohingegen die elsässischen Stopfer etwa 220,– bis 250,– FF erzielen). Diese Zahlen sehen auf den ersten Blick gigantisch aus. Man darf aber nicht aus dem Auge verlieren, daß von der französischen Gesamtproduktion an Stopfleber 80 % aus dem Südwesten Frankreichs (den Départements Landes und Gers) kommen, und nur 0,1 % – jawohl, 40 Tonnen entsprechen 0,1 % der französischen Gesamtproduktion! – aus dem Elsaß.

Neuerdings werden auch in der Vendée Massenzüchtungen durchgeführt, es entsteht also eine neue nationale Konkurrenz für die elsässischen Kleinproduzenten. Dennoch lassen sich die Elsässer nicht entmutigen. Es entspricht ihrem Charakter, daß sie in allem, was sie anpacken, Perfektionisten sind. »Klein, aber fein« heißt auch beim Stopfen von Enten und Gänsen ihre Devise. Anders als die Südwestfranzosen stopfen sie ihre Tiere nicht mit weißem, sondern mit gelbem Mais (daher der für Kenner durchaus sichtbare Farbunterschied); sie stopfen nicht in kleinen Einzelkäfigen, ihre Tiere haben auch noch während der Stopfphase eine begrenzte Bewegungsfreiheit – zuvor werden sie sowieso im Freien gehalten – und sie stopfen sie nicht so schnell und nicht so massiv: Enten bekommen ihren Mais im Durchschnitt 18 bis 19 Tage lang eingetrichtert, Gänse 22 bis 25 Tage; im Südwesten ist diese Zeit etwa um ein Viertel kürzer und dafür werden die Tiere massiver gestopft. Aber Qualitätslebern dürfen ohnehin niemals riesig ausfallen, die Durchschnittswerte liegen um 500 Gramm bei Enten und um 750 Gramm bei Gänsen: Überfette Lebern gelten als qualitativ minderwertig, u. a. weil sie bei der Zubereitung partiell abschmelzen.

Bis heute ist die Herstellung dieses Luxusproduktes von einem Hauch Geheim-

Annick Geistels Lieblingsgans

66

nis umgeben. Zum Beispiel erklärt Paul Haeberlin allen Journalisten, die ihn zu diesem Thema befragen, er halte das Rezept seiner Gewürzmischung im Tresor verborgen, niemand, außer mittlerweile sein Sohn Marc sei eingeweiht! Dennoch wird es jedem Hobbykoch gelingen, eine Foie gras zuzubereiten, die einen Brillat-Savarin entzücken würde, vorausgesetzt, er hat sich eine hervorragende Leber besorgt und verfügt über etwas Geduld.

Und wenn mich nun die Tierschützer bedrohen und beschuldigen, ich würde solche Grausamkeiten wie Geflügelstopfen befürworten, bin ich zwar versucht, ihnen mit dem billigen Argument zu antworten, sie möchten doch einen kleinen Ausflug in eine deutsche Kälber- oder Schweinezucht machen und sich dann ernsthaft die Frage stellen, ob sie überhaupt jemals noch ein Stückchen Fleisch essen wollen. Ich schätze Menschen, die eine feste Meinung vertreten und sie konsequent auch für sich selbst durchsetzen. Aber macht es Sinn, eine Jahrtausende alte Kulturgeschichte – die Geschichte der Ernährung des Menschen ist Teil der Kulturgeschichte – negieren oder vernichten zu wollen? Ich möchte nur daran erinnern, daß Gänse und Enten ursprünglich Zugvögel waren, die sich vor der großen Reise zweimal im Jahr selbst mästeten. Die uralte Tradition des Mästens beruht ganz sicherlich auf dieser Erfahrung. Ich hatte selbst Gelegenheit zu beobachten, daß Enten und Gänse durchaus stopfwillig sind, vorausgesetzt, im Maststall herrscht absolute Ruhe. Wer sich überzeugen will, sollte einen Ausflug zu Georges Kuntz nach Dachstein, oder zu Betty Peterschmitt zum Rheinfelderhof in Rustenhardt machen. Selbst unter den schwierigen Bedingungen des Stopfens existiert eine spürbare Beziehung zwischen Mensch und Tier. Verblüffend die liebevolle Geste der Stopferin, ihr sanftes Streicheln über Hals und Kropf, um zu prüfen, ob der letzte Mais schon verdaut ist. Es kommt auch vor, daß eine besondere Gans ruhige Tage auf dem Hof verlebt und irgendwann eines ganz natürlichen Todes stirbt. So war Madame Geistels Rosalie jahrelang so etwas wie ein Hofhundersatz.

Dennoch: Sicher werden einige ihre Abneigung gegen den Vorgang des Stopfens auf das so erzielte Produkt übertragen,

Marc und Paul Haeberlin: Prost!

◁ Fenster in Hunawihr. Das Jakobsmuschelmotiv weist den Weg nach Santiago de Compostela.

konsequenterweise! Missionarische Tierschützer werden fordern, daß sich Geflügelzüchter auf Pfauen verlegen. Aber auch das wäre keine Garantie dafür, daß dieses dekorative Federvieh unberührt bleibt. Irgendein kreativer Koch wird sich schon bald erinnern, daß im Mittelalter und in der Zeit des Barocks der Pfau schon einmal die unentbehrliche Beigabe für jedes fürstliche »Schauessen« war!

Le vin d'Alsace

Für Bernard Jung,
der mein Lehrer war,
zum Dank dafür, daß ich noch
immer seine Schülerin sein darf
– heute mehr in Sachen Wein

Riesling – »le grand seigneur«
der Elsässer Weine

Die Elsässer lieben den Wein und das Wohlleben und jubeln in den Tag hinein, ohne an ein Morgen zu denken«, stellte Sebastian Franck in seinem 1531 in Straßburg gedruckten *Zeytbuoch* fest. »Nur die Wahrheit kann wirklich verletzen«, sagt ein französisches Sprichwort. Ich will nicht hoffen, daß es Francks Bemerkung war, die den Rat der Stadt Straßburg dazu bewog, den Autor in die Verbannung zu schicken. Es wäre eine krasse Ungerechtigkeit gewesen, denn ähnliches wurde den Elsässern nicht nur im schon reichlich barocken 16. Jahrhundert nachgesagt – in dem »der Ruf, ein guter Trinker zu sein, ebensoviel galt als der Ruhm persönlicher Tapferkeit« (Alfred Pfleger, *Vom elsässischen Hunger und Durst* 1923). Dieses Urteil wurde immer wieder im Laufe der Geschichte bestätigt, lobend oder tadelnd, bewundernd oder naserümpfend, von Einheimischen selbst oder von Fremden auf der Durchreise.
Montaigne, der 1580 auf seiner großen Europatour in Mühlhausen haltmachte, stellte in seinem Tagebuch mit Verwunderung fest, daß die Elässer niemals Wasser in ihren Wein gießen, und er meinte dazu apodiktisch: »et ils ont quasi raison« – »und sie haben sozusagen recht«! Quasi... In Sachen Wein muß sich Montaigne ausgekannt haben, schließlich war er in seiner »aktiven« Zeit Mitglied des Rates der Stadt Bordeaux!
Der Pariser Arzt Maugue, der im späten 17. Jahrhundert dem Elsaß eine ausgiebige Studie widmete *(Histoire naturelle de la province d'Alsace)* und dabei an den armen Elsässern kein gutes Haar ließ, gab zu, daß sie sich gerne bei Tisch aufhalten und »sich mit einem großen Becher Weines verlustieren, den sie zwanzigmal zum Munde führen, um ebensoviele Schlucke davon zu schlürfen, wortlos. Und wenn sie doch einmal sprechen, dann machen sie unendlich viel Lärm, aber dazu müssen sie lange und ausgiebig getrunken haben.« Erkennbar unterentwickelte Wilde aus der Provinz, diese Elsässer!

Da klingt doch der Aufruf jenes anonymen Autors weit freundlicher, dessen Artikel die Zeitschrift »Présence de Strasbourg« in den siebziger Jahren unseres Jahrhunderts gleich mehrfach veröffentlichte: »Man kann ja reisen, wie man will. Zum Beispiel kann man das Elsaß nur seiner Störche wegen besuchen, oder um Sauerkraut zu essen, um eine alte Tante aufzusuchen oder um einen Zweitwohnsitz zu erstehen, oder vielleicht um auf den Odilienberg zu pilgern, sich die Nase mit dem unwiderstehlichen, penetranten Geruch des Münsterkäses zu füllen, vielleicht noch, um sich die Lungen mit dem patriotischen Sauerstoff der ›Blauen Linie der Vogesen‹ vollzupumpen. Diese Möglichkeiten sollten aber nicht eine andere, viel reichere und spannendere Art ausschließen, das Elsaß zu besuchen: jene, die mit Einladungen zum Trinken beginnt und endet«. Da der Titel des Artikels: »Le vin d'Alsace, un grand vin de France« lautete, wissen wir, daß der Autor nicht vom elsässischen Mineralwasser spricht.

Auf der elsässischen Route du Vin sollte der kluge Reisende haltmachen, wann und wo immer er Lust hat, der Einladung eines Winzers zu folgen, wie hier im Keller von Bernhard Weinzorn in Niedermorschwihr.

Seiner Aufforderung, die elsässische Route du Vin zum Anlaß einer kleinen Reise zu nehmen, sollte man tatsächlich hin und wieder Folge leisten. Es gibt drei Straßen, die das Elsaß von Norden nach Süden durchqueren: die Straße, die durch die Ebene, mehr oder weniger parallel zum Rhein führt; sie ist die schnellste, die geradeste, die am besten ausgebaute, aber mit Sicherheit auch die langweiligste. Etwas weiter westlich und den Vorhügeln der Vogesen folgend dann die Weinstraße, und schließlich die Gebirgsstraße, die sogenannte Käsestraße. Von diesen drei Routen ist die mittlere, die durch die Weinberge führt, zweifelsohne die malerischste, ganz abgesehen von den Genüssen, die sie sonst noch bietet. Ich selbst fahre diese Strecke viel zu selten und fast immer unter Zeitdruck. Davon sollte sich der kluge Reisende auf alle Fälle befreien, und er sollte zwischen Marlenheim und Thann haltmachen, wann immer und wo immer er Lust hat, der Einladung eines Winzers zu folgen: *Dégustation à la cave!* Nur sollte er vielleicht auch ein Feldbett mitnehmen... denn schon in Marlenheim winken zahlreiche Gelegenheiten zu kosten. Schließlich muß der Ort seinem Ruf genügen. Bereits im 6. Jahrhundert soll der Heilige Gregor von Tours den Marlenheimer Wein gerühmt haben.

Überhaupt reicht der Ruhm der elsässischen Weine weit zurück. Im Mittelalter waren sie eine bedeutende Quelle des Reichtums für diesen Landstrich. Zwar trank man auch selbst Wein, vor allem aber exportierte man ihn in alle Himmelsrichtungen. Den Höhepunkt erreichte der Handel mit elsässischen Weinen im 15. und frühen 16. Jahrhundert. Von Colmar aus wurde die Ausfuhr in die Schweiz und, über die Vogesenpässe, teilweise nach Lothringen, Luxemburg und Brabant durchgeführt, von Straßburg aus in Richtung Süddeutschland bis Regensburg und Nürnberg, aber auch nach Prag, wo der Elsässer Wein der Konkurrenz der ungarischen Weine offenbar standhielt. Vor allem aber liegt das Elsaß an der bedeutendsten Handelsstraße Europas, am Rhein. Große Mengen Wein werden verschifft und nach Frankfurt – dem Umschlagplatz für den Weitertransport nach Hamburg, Lübeck und Leipzig – oder nach Köln versandt, von wo aus sie dann weiter nach Holland und England geliefert werden. Lübeck wiederum beliefert das ganze Ostseegebiet: Dänemark, Schweden und das Baltikum. In den ersten Jahren des 16. Jahrhunderts werden bis zu 100000 Hektoliter jährlich ausgeführt, und von ihrem Lebensstandard her betrachtet sind die Winzer (gemeinsam mit den »Brennherren«, siehe S. 160) die Fürsten des Elsaß. Den Chroniken und Handelsbüchern der Städte und Dörfer ist zu entnehmen, daß damals bereits Pinot angebaut wurde, und zwar sowohl Weiß- als auch Rot- und Grauburgunder, außerdem, ab 1552, der auch heute hoch geschätzte Muskat.

Einen dramatischen Niedergang erlebt der elsässische Weinbau und Weinhandel im Dreißigjährigen Krieg. Das Elsaß ist entvölkert, ganze Dörfer verschwinden von der Landkarte, und zum Zeitpunkt des Westfälischen Friedens wird schätzungsweise nur noch ein Vierzigstel der Menge verkauft, die vor den kriegerischen Wirren abgesetzt werden konnte. Zwar wird unmittelbar nach dem Westfälischen Frieden mit dem Weinbau wieder begonnen, aber der Export nach Norden bleibt weiterhin unmöglich. Noch sind die Straßen und die Wasserwege unsicher, Holland und Frankreich stehen noch immer im Krieg und damit ist der Zwischenhandel in Richtung Skandinavien und England unterbrochen. Deutschland ist ausgehungert, man hat andere Sorgen, als sich um die Beschaffung von Wein zu kümmern. Kunden finden die Elsässer vorerst nur in der Schweiz und allmählich auch wieder in Bayern, Schwaben und Österreich. Hingegen bringt die Anbindung des Elsaß an Frankreich keinerlei neue Absatzmärkte, denn die elsässischen Weine entsprechen nicht dem französischen Geschmack: sie sind zu trocken. Trotz aller Absatzschwierigkeiten geht der Trend zur Ausdehnung des Weinanbaus weiter; Anfang des 18. Jahrhunderts entstehen die ersten Wingerte in der Ebene. Schon damals macht der damit verbundene Mengenzuwachs die besondere Förderung der höheren Qualität notwendig, damit sich die Produkte der traditionellen Winzer von denen des Massenanbaus abheben können. Bereits 1731 kommt es zu einem Erlaß, der es verbietet, in der Ebene Wein anzubauen, denn Frankreich braucht Getreide, und in der fruchtbaren elsässischen Ebene will man den Getreideanbau forcieren.

Inzwischen werden in den elsässischen Weinbergen neben dem Weiß-, Grau- und Rotburgunder und dem Muskat auch Riesling und Traminer angebaut. Trotz Überproduktion und Preisverfall gelingt es nicht, die Winzer in ihrem Expansionsdrang zu bremsen. Noch zu Beginn des 19. Jahrhunderts wachsen die Anbauflächen für Wein (1808: etwa 23 000 Hektar, 1828 über 30 000 Hektar). Der Export hat sich etwas erholt, außerdem haben die Napoleonischen Armeen großen Durst und einen hohen Weinverbrauch. Ab 1815 ist die Tendenz allerdings wieder rückläufig. Fast alle europäischen Länder ergreifen protektionistische Maßnahmen, was für den elsässischen Weinbau katastrophale Auswirkungen hat. Das Zweite Empire bringt keinerlei Verbesserung. Selbst der Absatz nach Frankreich leidet an extrem hohen Binnenzöllen (dreimal soviel wie für die Weine aus anderen Provinzen). Der elsässische Weinbau scheint am Ende.

Die Altstadt von Colmar mit dem Gerberviertel im Vordergrund und dem »Koifhus« links.

Als das Elsaß – eine Folge des Krieges von 1870–71 – wieder an Deutschland fällt, hegen die Winzer neue Hoffnungen, die aber bald im Winde verwehen: Die Deutschen trinken weniger Wein als zuvor, und der Rheinwein reicht aus, um den Bedarf zu decken. Hinzu kommt, daß der Bierkonsum in weiten Teilen des Deutschen Reiches enorm zugenommen hat. Aber die Krise hat noch immer nicht ihren Höhepunkt erreicht. Um die Jahrhundertwende mehren sich klimatische Probleme, Frost und Mißernten. Außerdem treten Rebkrankheiten und Schädlinge auf, die man über Jahrzehnte nicht wirksam bekämpfen kann. Bei Ausbruch des Ersten Weltkrieges ist der Zustand des elsässischen Weinbaus desolat, 1918 bricht er praktisch vollkommen zusammen.

Erst in der Mitte der Zwanziger Jahre geht es ganz langsam wieder aufwärts.

Die schon um 1900 begonnenen biologischen Experimente tragen, im Wortsinn, die ersten Früchte: man ist wieder in der Lage, Qualitätsweine zu produzieren. Allmählich wird sich ein Gleichgewicht sowohl der Anbauflächen als auch der Rebsorten einpendeln. Vor dem Zweiten Weltkrieg sind etwa 2/3 der Anbauflächen mit *cépages simples* und 1/3 mit Qualitätsgewächsen (Riesling, Gewürztraminer, Muscat, Tokay, d.h. Grauburgunder) bepflanzt, wobei die Tendenz zur Erweiterung der Anbaufläche für Qualitätsweine geht. Viele Dörfer gründen in den Zwanziger und Dreißiger Jahren ihre Winzergenossenschaften und rufen Winzerfeste ins Leben. 1948 eröffnet Pierre Pflimlin, der damalige Bürgermeister von Straßburg und Landwirtschaftsminister, die erste *Foire aux Vins* in Colmar.

Der kontinuierliche Aufwärtstrend der letzten Jahrzehnte stimmt den Beobachter eher optimistisch. Und jedesmal, wenn ich an einem strahlenden Spätfrühlingstag nach Niedermorschwihr fahre, z.B. um mit Christophe und seiner Frau Caty die schönsten Photos zu diesem Buch auszusuchen, möchte ich in dieser Rebenlandschaft am liebsten »abheben«, wie man heute sagt, sogar ehe ich den ersten Tropfen Riesling gekostet habe.
Aber jeder Mensch hat zuweilen das Gefühl, im falschen Jahrhundert geboren zu sein. Meine Wunschträume versetzen mich gelegentlich in die Rolle eines Weinhändlers, oder, noch besser, in die eines mittelalterlichen »Weinstichers«. Damals, als der Handel mit den Weinen aus dem Elsaß anders als in anderen Weinregionen Europas schon strengen

Weinlese am Brand in Turckheim

Regeln und Gesetzen unterlag, war der Weinsticher der Mittler zwischen Winzer und Käufer. Jeder Weinort hatte, entsprechend seiner Größe, einen oder mehrere vom Gemeinderat ernannte Sticher, die über den Handel mit Wein strengstens Buch zu führen hatten. Dadurch blieb es den Winzern erspart, sich selbst um den Absatz ihrer Weine zu kümmern; zugleich aber waren sie abhängig von dem Urteil und der Einsatzbereitschaft eines Einzelnen, mit dem sie sich gut zu stellen hatten. Meist unterhielt der Weinsticher selbst ein Wirtshaus, um die interessierte Kundschaft durch gute Bewirtung kaufwillig oder besser kauflustig zu stimmen. Er wußte genauestens Bescheid über die Lagerbestände bei den einzelnen Winzern, die er betreute, und über die Qualität ihrer verschiedenen Gewächse. Wenn ein Kunde kam – ein »Fremder« oder ein Elsässer »üss de Stadt« –, führte er ihn von Keller zu Keller zu ausgiebigen Weinproben. Kam es zum Kauf, so mußte er aufs penibelste jede Einzelheit aufschreiben: Name des Käufers, Name des Verkäufers, Menge, Qualität, Preis, Datum. Solche in den Gemeindearchiven aufbewahrten Bücher sind wertvolle Zeugen der Zeit und vermitteln ein ziemlich präzises Wissen über den elsässischen Weinanbau und seine Geschichte. Selbstverständlich waren die Dienste des Weinstichers nicht umsonst. Im Falle eines Abschlusses erhielt er für seine Mühe zwei Entlohnungen. Die erste war der sogenannte »Stichwein«. Bei näherer Betrachtung der Mengen denke ich mir, daß dies nicht mein Traumberuf geworden wäre. Denn der Stichwein bestand aus einem Krug Wein – ein Krug enthielt etwa zwei Liter – als Belohnung für den Verkauf eines Fuders – das knapp tausend Liter enthielt! Zwei Promille, eine geradezu lächerliche Tantieme! Dazu kam allerdings das »Stichgeld«, schließlich lebt auch ein Weinsticher nicht vom Wein allein. Die Höhe dieser Entlohnung unterschied sich je nach Ort und Zeit; in aller Regel bezahlte ein Drittel davon der Käufer und zwei Drittel der Verkäufer.

Inwieweit diese frühe Organisation des elsässischen Weinhandels heute noch erkennbare Spuren hinterlassen hat, wäre eine gesonderte Untersuchung wert. Vermutlich ist die Struktur des elsässischen Weinbaus insgesamt – mit einer Vielzahl von unabhängigen kleinen Winzern, die ihre Produktion fast vollständig direkt vertreiben – wohl auch mit diesen Traditionen in Verbindung zu bringen. Der Beruf des Weinstichers ist in der damaligen Bestimmung längst ausgestorben, obwohl es auch heute noch Mittler zwischen kleineren Weinbauern und Weinhandel gibt. Auch der Beruf des vereidigten Küfers ist verschwunden, der auf die

Gérard Haeffelin, einer der letzten Küfer im Elsaß

Füllmengen der Fässer achten und prüfen mußte, ob diese für den Transport geeig-

net und dicht waren. Auch die Leiterer gibt es nicht mehr, deren Aufgabe es war, die Ware auf den Wagen des Käufers zu laden; ebenso wenig die Spanner, die dafür sorgten, daß die Fässer für den Transport fachgerecht und sicher geladen waren. Daß Wein möglichst wenig geschüttelt werden soll, wußte man; also galt es, auf eine gute Federung zu achten, bzw. die Fässer auf ein Strohbett zu legen und festzuzurren, um die Auswirkungen der Schlaglöcher abzumildern; auch eine Schiffsreise, selbst eine längere und bewegte nach Sankt Petersburg etwa, sollte dem Wein nicht abträglich sein. Man ahnt also, wie bedeutend die Funktion des Spanners gewesen sein mochte.
Sicher sind viele der Bräuche um den Wein, seinen Anbau und seine Herstellung in Vergessenheit geraten, aber einiges ist doch bis auf die heutigen Tage überliefert. So z. B. der »Pfiffertag« in Rappschwihr. Das Fest soll an die Zeit erinnern, als sich jedes Jahr am 1. September die fahrenden Musikanten aus dem ganzen Elsaß dort versammelten, um den Herren von Rappolstein ihre Verehrung zu erweisen. Zum Dank spendeten die Herren an diesem Tag Wein in Hülle und Fülle. So wiederholt sich auch heute noch jährlich das Wunder, daß sich im Brunnen auf dem Marktplatz das Wasser in Wein verwandelt. Als Kind besuchte ich einmal mit meinen Eltern an einem Pfiffertag den Onkel Netzer in Rappschwihr. Den Jubel der Erwachsenen über die wundersame Wandlung im Brunnen konnte ich nicht verstehen; ich zog es vor, mich an einem anderen, ganz normalen Brunnen zu vergnügen (ich war damals fünf und ich weiß heute ganz genau, daß es der Brunnen war, der sich ein paar Meter vom Tor des berühmten Brenners Metté befindet…). Als man mich im triefenden Sonntagskleidchen aus dem Wasser zerrte, war ich sehr verbittert darüber, daß man mir die Freude an »meinem« Brunnen nicht gönnte. Wie sich die Perspektiven doch im Lauf der Jahre verändern!

Eine andere Tradition, die man noch kennt, ist die des Pistolenweins aus Obernai. Als im 16. Jahrhundert Kaiser Maximilian II. seine Lehnsleute in Obernai besuchte, wurde er mit großem Pomp und viel Wein im Rathaus empfangen. Plötzlich erklärte der Stettmeister (der damalige Bürgermeister) im Brustton der Überzeugung dem Kaiser, der hier servierte Wein sei zwar sehr gut, aber die Bürger von Oberehnheim hätten noch besseren, den sie allerdings für sich behielten. Der Wein muß den Kaiser freundlich gestimmt haben: er zog zwei Pistolen, reichte sie dem Bürgermeister und sagte: »Hier, nimm diese beiden Pistolen, und wenn du jemals auf einen grobschlächtigeren Menschen triffst, als du es selbst bist, sollst du ihn unbestraft erschießen«. Ob diese Pistolen jemals zum Einsatz kamen, ist nicht überliefert, aber der beste Wein aus Obernai heißt bis heute »Pistolenwein«.

Indirekt führt auch der Ursprung der *Confrérie Saint-Etienne*, die heute wieder sehr aktive Stephansbruderschaft, in jene Zeit zurück. In den elsässischen Winzerdörfern gab es über mehrere Jahrhunderte sogenannte »Herrenstubengesellschaften«, die neben den Weinkiesern eine zusätzliche Kontrollaufgabe erfüllten. Die Notablen der Gemeinde trafen sich in regelmäßigen Abständen, um die Qualität der Weine zu prüfen. Die Herrenstubengesellschaft von Ammerschwihr gab es schon zu Beginn des 15. Jahrhunderts, 1440 wird sie zum erstenmal erwähnt. 1561 wird die »Statuten-Ordnung auf Stuben Rechten uf der herrenstuben zu Ammerschweier« in die Gemeindeverordnungen aufgenommen. Interessant scheint mir, daß bereits damals »Weiber« in die Gesellschaft mit aufgenommen wurden; die Gleichberechtigung galt auch für die Entrichtung des »Stubengeldes«. 1760 wurde die Gesellschaft in »Sankt-Stephans-Bruderschaft« umbenannt, da ihr festliches Jahresbankett regelmäßig am 2. Weihnachtsfeiertag, am Stephanstag, stattfand. Von nun an wurden die »Weiber« zu »Schwestern«, aber es wird eindeutig darauf hingewiesen, daß die Schwestern die Ehefrauen der Brüder sind und daß keine unverheirateten Damen in die Bruderschaft aufgenommen werden können. Daß sich die Ammerschwihrer Bruderschaft 1848 aufgelöst hat – um die gleiche Zeit gingen auch alle anderen Herrenstubengesellschaften auseinander –, ist sicherlich im Zusammenhang mit dem, was weiter oben geschildert wurde, nämlich dem Niedergang des elsässischen Weinbaus zu sehen.

Ob die alten Statuten der Bruderschaft wörtlich übernommen wurden, als die Bruderschaft 1947, zunächst wieder in Ammerschwihr, neu gegründet wurde, kann ich nicht sicher sagen. Jedenfalls heißt es in der 1951 neu formulierten Version in Artikel 1: »Keiner kann Mitglied der Sankt-Stephans-Bruderschaft werden, wenn er nicht die Freude, das gute

Essen und den elsässischen Wein liebt«. Wer diese Bedingung erfüllt, kann sich bewerben, aber diese Bewerbung kann nur von einem Bruder vorgetragen und muß vom Hohen Rat akzeptiert werden. Der Neuling kann sodann als »Bruderlehrling« aufgenommen werden. Die Lehrzeit dauert mindestens ein Jahr. Die Stufe zum »Brudergesellen« erklimmt der Lehrling, wenn er sich einer Prüfung unterzieht, bei der er beweisen muß, daß er in der Lage ist, die vier *cépages nobles* (die edlen Rebsorten) Riesling, Gewürztraminer, Pinot und Muskat zu unterscheiden. Nach wiederum mindestens einjähriger Gesellenzeit kann sich der Bruder der »Meisterprüfung« unterziehen, die eine profunde Kenntnis des elsässischen Weines voraussetzt. Großen Spaß hat mir die Lektüre der Vorschriften der Bruderschaft bereitet, die nach den alten von 1561 formuliert sind. So muß z. B. der Bruder bei jeder Veranstaltung anständig gekleidet sein, ansonsten wird er »zu einer Strafe von drei Flaschen verurteilt«. Er darf aber auch einen anderen Menschen nicht grundlos zum Essen oder Trinken nötigen und er darf bei den Veranstaltungen keinesfalls rauchen. Er soll nichts mit Gewalt zerstören. Seine Brüder darf er nicht Lügner oder Dieb schimpfen und sie schon gar nicht schlagen. Den Schwestern gegenüber darf er sich nicht unziemlich benehmen, und ähnliches mehr. Im Falle von Zuwiderhandlungen wird er bestraft, in den meisten Fällen kostet es ihn drei oder sechs Flaschen, bei schlimmen Vergehen wird er aus der Bruderschaft ausgeschlossen... Eine hohe Schule der sozialen Integration!

Seit 1977 hat die Stephans-Bruderschaft ihren Sitz im restaurierten Schloß von Kientzheim, wo sich auch das Weinbaumuseum befindet. Jedes Jahr im November veranstaltet sie eine große Weinprobe – jeder Liebhaber der elsässischen Weine ist ein willkommener Gast –, bei der die *Grands Crus* (wörtlich: die »großen Gewächse«) des vergangenen Jahres zum Verkosten angeboten werden. Im übrigen vergibt die Bruderschaft seit 1957 ein sehr begehrtes Gütesiegel: die jeweils besten Weine des Vorjahres (mit Ausnahme der Grands Crus) erhalten ein spezielles Etikett – daraufhin klettern ihre Preise.

Pause bei der Weinlese

Durch ihre vielfältigen Aktionen ist die Bruderschaft zu einer unentbehrlichen, den Weinbau fördernden Institution geworden. Gewiß hat sie einen hohen Anteil daran, daß im Land das Qualitätsstreben der Winzer immer stärker wurde, was seinerseits dazu führte, daß das Image der elsässischen Weine in den letzten fünfzehn Jahren auch außerhalb der Grenzen des Elsaß sich stetig verbessert hat. Kein elsässischer Winzer wird heute mehr auf Kosten der Qualität Massenweine produzieren mögen, keiner wird sich nachsagen lassen, er mache »Bübberi« oder »Blämbel«, er verkaufe »Gänselwyn« oder »Freschawi« – einen Wein, der sauer ist oder so wäßrig und geschmacklos, daß darin Gänse oder Frösche schwimmen könnten.

1962 traten die elsässischen Winzer dem INAO (Institut national des appellations d'origine, Staatliches Institut für Herkunftsbezeichnungen) bei. Zehn Jahre danach wurde festgelegt, daß ein *Vin d'Alsace* nur noch im Elsaß abgefüllt werden darf, und zwar in die klassische *flûte*, jene elegante längliche Flasche, die jeder Weinkenner mit dem Elsaß verbindet. Der elsässische Weinbau bewirtschaftet heute etwa 12000 Hektar, die sich auf etwa 100 Kilometer Länge von Nord nach Süd – von Marlenheim bis nach Thann – und maximal 4 Kilometer Breite erstrecken. (Der Vollständigkeit halber sei auch die bemerkenswerte Exklave ganz im Norden, in Clebourg bei Wissembourg (Weißenburg) erwähnt – böse Zungen sagen, dort mache man den besten Pfälzer Wein!) Die unterschiedlichen Böden, auf denen er wächst – von Schiefer und Sandstein über Muschelkalk bis zu Mergel – tragen zur geschmacklichen Vielfalt und zum Reichtum der Gewächse bei. Als 1972 wegen der gesteigerten Nachfrage beschlossen wurde, die Anbauflächen um 2000 Hektar zu erweitern, lautete eine wichtige Bestimmung, daß nur edle Rebsorten (kein Sylvaner, kein Chasselas) angepflanzt werden dürfen und daß gleichzeitig qualitätsverbessernde Maßnahmen ergriffen werden müssen. Außerhalb des Elsaß wird in Frankreich kein Wein nach der Rebsorte benannt. Allerdings spielt bei dem Versuch, die sogenannten *Grands Crus* durchzusetzen, die Bodenbeschaffenheit und somit das bestimmte Fleckchen Erde, auf dem der Wein wächst, eine bedeutende Rolle. Folglich werden die genauen Herkunftsbezeichnungen wieder wichtig und deshalb gefördert. Nicht jeder Elsässer Wein hat ein Anrecht auf die Bezeichnung *Grand cru.* Die Winzer, die sich bemühen, ihr Verständnis sowohl des Gewächses als auch der Bodenbeschaffenheit in jenen Weinen zu einem schönen, harmonischen und manchmal sehr individuellen Ausdruck kommen zu lassen, müssen sie jährlich einer Kommission vorführen (in der wiederum die Confrérie vertreten ist). Sie entscheidet, ob der Wein würdig ist, die Bezeichnung

Grand cru zu führen. So werden heutzutage eine Reihe von Lagen, die ihre jahrhundertealte Bedeutung verloren hatten, wieder hochgerühmt. Jeder Elsässer kennt den Spruch:

»Zu Thann im Rangen,
Zu Gebwiller in der Wannen,
Zu Türckheim im Brand
Wächst der beste Wein im Land.«

Auch die verschiedenen Fortsetzungen, die man sich in den Weindörfern ausgedacht hat, die der Meinung waren, sie seien konkurrenzfähig, fallen einem dazu ein:

»Doch gegen den Reichenweirer Sporen
Haben sie alle das Spiel verloren!«

Oder:

»Und der Zellenberger Mantelkragen
Tut sie alle miteinander schlagen!«

»Und der Ammerschwierer Käferkopf
Macht allen zusammen den Zopf!« –

»Aber die Krone vom Elsässer Wein
Ist der Zehnacker von Rappolstein!« –

»Und doch über den Pfaffenheimer Steiner
Kommt noch keiner!«

Heute werden folgende näher begrenzte Anbaugebiete als »Grands crus« anerkannt:
Im Bas-Rhin: Altenberg (in Bergbieten und Wolxheim), Bruderthal (Molsheim), Engelberg (Dahlenheim und Scharrachbergheim), Frankstein (Dambach-la-Ville), Kastelberg (Andlau), Kirchberg (in Barr), Moenchberg (Andlau und Eichhoffen), Müenchberg (Nothalten), Praelatenberg (Orschwiller, Kintzheim), Steinklotz (Marlenheim), Wiebelsberg (Andlau), Winzenberg (Blienschwiller) und Zotzenberg (Mittelbergheim).

Im Haut-Rhin: Altenberg (in Bergheim), Brand (Türckheim), Eichberg (Eguisheim), Florimont (Ingersheim), Froehn (Zellenberg), Furstentum (Kientzheim, Siegolsheim), Geisberg (Ribeauvillé), Gloeckelsberg (Rodern und Saint-Hyppolyte), Goldert (Gueberschwihr), Hatschbourg (Hattstatt und Voegtlingshoffen), Hengst (Wintzenheim), Kanzlerberg (Bergheim), Kessler (Guebwiller), Kirchberg (Ribeauvillé), Kitterlé (Guebwiller), Mambourg (Siegolsheim), Mandelberg (Mittelwihr), Marckrain (Bennwihr), Ollwiller (Wuensheim), Osterberg (Ribeauvillé), Pfersigberg (Eguisheim), Pfingstberg (Orschwihr), Rangen (Thann), Rosacker (Hunawihr), Saering (Guebwiller), Schlossberg (Kientzheim, Kayserberg), Schoenenbourg (Riquewihr), Sommerberg (Katzenthal und Niedermorschwihr), Sonnenglanz (Beblenheim), Spiegel (Bergholtz, Guebwiller), Sporen (Riquewihr), Steingrubler (Wettolsheim), Steinert (Pfaffenheim), Vorbourg (Rouffach und Westfalen), Wineck-Schlossberg (Kat-

Zellenberg

zenthal) und Zinnkoepflé (Soultzmatt und Westhalten).

Serge Dubs, »meilleur sommelier du monde«

Für einen Nicht-Weinliebhaber mag diese Liste öd und trocken (!) klingen. Mein Freund Bernard findet, sie sei in sich Ausdruck einer Art »poésie pure«, reine Lyrik, die ihm das Wasser (!) im Mund zusammenlaufen läßt.

Daß der Wein in der elsässischen Gastronomie eine bedeutende Rolle spielt, hat der Leser in den vorangegangenen Rezeptkapiteln sehen können. Eine Vielzahl von spezifisch elsässischen Gerichten kommt ohne ihn als Grundkomponente nicht aus. Was wären ein Baeckeofe oder eine Choucroute, ein Coq au Riesling oder eine Matelote ... mit Wasser?

Der elsässische Wein ist außerdem so vielfältig, daß man durchaus ein elsässisches Essen – auch ein ganz großes mit vielen Gängen – ganz und gar mit elsässischen Weinen bestreiten kann. Eine etwas schwierige Aufgabe stellt dem Gastgeber die Gänseleber. Meist wird sie, und zu Recht, als Vorspeise serviert. Wer jedoch, ähnlich wie im Südwesten Frankreichs, wo Foie gras nur mit Sauternes vorstellbar ist, einen schweren, vollmundigen Grand cru Gewürztraminer dazu trinkt, hat sich für den Rest des Essens den Gaumen für andere Weine verdorben. Oder er muß eine längere Pause einlegen. Wer sich gar ein *trou alsacien*, ein »elsässisches Loch« mit einem Marc de Gewürztraminer genehmigt, wird ebenso Mühe haben, sich wieder in einen Riesling, und sei es auch ein ganz großer, einzutrinken. Zur Foie gras also mein Vorschlag: lieber ein guter, nicht allzu »großer« und aromareicher Tokay-Pinot gris.

Wozu man was trinken sollte, ist eine heikle Frage, und auch hierin sollte der Weinliebhaber kein sturer Sektierer sein. Muskat gilt als idealer Aperitifwein; ich selbst ziehe ihn so gut wie allen anderen Aperitifs vor. Auf meine Frage, wozu er denn sonst Muskat trinken würde, erklärte mir der Winzer Guy Wach (Domaine des Marronniers in Andlau): am liebsten zu Spargel. Ich war verblüfft, habe es ausprobiert – und war begeistert. Auch mit geräuchertem Lachs ergibt sich übrigens eine schöne, interessante Wechselwirkung. Aber ich bin und bleibe ein Riesling-Fan: Ich mag ihn (fast) zu allem, und für mich gilt die schlichte Regel: je delikater das Gericht, desto »größer« sollte der dazu auserkorene Riesling sein. Am besten schmeckt er zu Fisch und Meeresfrüchten, aber auch zu hellem Fleisch und Geflügel (insbesondere Gans und Ente). Zur Choucroute ist er in meinen Augen unentbehrlich. Pinot blanc paßt hervorragend zu allen Pasteten, Terrinen, Zwiebel- und Gemüsekuchen, die als Vorspeise serviert werden.

Gewürztraminer wird gern zu Krusten- und Schalentieren und zu Räucherfisch serviert. Aber auch zu Käse: Er ist der einzige mir bekannte Wein, der sich von einem guten Münsterkäse nicht erschla-

gen läßt. Wer's exotisch mag und trotzdem nicht auf Wein verzichten will, sollte ihn zu einem chinesischen oder südostasiatischen Gericht probieren. Zum Dessert – vor allem, wenn es nicht zu süß ist und keine Schokolade enthält – oder danach eignet sich eine Beerenauslese oder eine Spätlese.
»De gustibus non est disputandum!« pflegte der große Kenner und Winzer Jean Hugel zu warnen. Ein wenig Mut gehört zu jedem gastronomischen Versuch. Erfahrungen sammeln kann man nur, wenn man bereit ist, sich hin und wieder auf ein Wagnis einzulassen. Der Neuling in Sachen Elsässer Weine sollte sich ein hübsches Ritscherle* zulegen, oder auch gleich ein Loyala*, und sich ganz einfach von seiner Neugier und seiner Lust tragen lassen. Und wenn er dann noch etwas Hilfe von außen braucht, sollte er sich die Worte eines alten Elsässers zu Herzen nehmen:

»Der Wein aber gibt solche Kraft,
Mannsherz er einem Zagen schafft;
Die Weinenden macht er zu lachen,
Die Lahmen kann er dantzen machen,
Die Stillschweigenden macht er singen,
Die Faulen macht er burtzeln, springen.«
(Jörg Wickram, 16. Jh.)

* siehe: Elsässisches Wörterbuch

Edelfäule – Spätlese

Weißwein

Sylvaner

Pinot blanc

Muskat

Chasselas
die schlichteste Rebsorte im Elsaß, wird im deutschen Weinbau Gutedel genannt. Entwicklung rückläufig (weniger als 5 % der Anbaufläche), wird mit dem Pinot blanc und dem Auxerrois (einer dem Pinot blanc sehr nahestehenden Rebsorte) in der Zusammensetzung des Edelzwikkers verwendet. Ein Karaffenwein: leicht, frisch, freundlich.

Sylvaner
ein leichter, frischer, fruchtiger Wein, keine sehr ausgeprägte Blume.
Etwas mehr als 1/5 der Anbaufläche, weit mehr als 1/4 der Gesamtproduktion. In einem guten Jahrgang und in guter Lage reift er zu einem edlen, feinen, abgerundeten Wein, der sich zur Lagerung eignet und nach einigen Jahren dann vorzüglich zu Austern paßt.

Pinot blanc (oder Klevner)
ein frischer, angenehmer Trinkwein, der zu einem großen Teil für die Herstellung von Crémant d'Alsace verwendet wird, daher sein Aufwärtstrend. Gute Weinmacher bauen ihn zu einem eleganten, duftigen, lebendigen Wein aus.

Muskat
die eine Rebsorte, der »Muscat d'Alsace«, wird etwas später reif und erzeugt Trauben, die um einiges weniger fein im Bukett sind; deswegen wird sie zum Teil durch den »Muscat Ottonel« ersetzt, eine frühreife Rebsorte, wetteranfälliger während der Blütezeit, was sie zu einem überaus kapriziösen, unberechenbaren Gewächs werden läßt: überreiche Ernten wechseln ab mit winzigen.
Äußerst aromatischer, fruchtiger Wein; der elsässische ist der einzige trockene Muskat-Wein.
Wegen seiner Unberechenbarkeit wird wenig Muskat angebaut. Nur etwa 3–4 % der Gesamtproduktion.

Riesling
der elsässische unterscheidet sich von seinem deutschen Namensvetter und weist entschieden wenig Ähnlichkeit auf mit den zahlreichen Rieslingen, die zur Zeit in aller Welt hervorgebracht werden. Ein äußerst rassiger, charaktervoller Wein, kann strahlend, kernig, herzhaft sein. Ein ausgebauter Grand cru ist hochedel und wirkt bestechend.
Der König der elsässischen Weine: Seine Qualität wird daran gemessen, wie sein geschmacklich hervortretender Säuregehalt und das Fruchtige, ja Blumige des Weins einander die Waage halten.
Nahezu ein Fünftel der Anbaufläche.
Fällt sehr unterschiedlich aus, je nach Bodenbeschaffenheit.

Tokay Pinot gris
sehr üppiger, gehaltvoller, vollmundiger Wein mit scheinbar wenig, weil durch hohen Alkoholgehalt und oft durch Restsüße überdeckte Säure; er eignet sich besonders gut für lange Lagerung.
Der elsässische Tokay ist eigentlich ein Pinot burgundischen Ursprungs (daher die zusätzliche Bezeichnung »Pinot gris«), der dem badischen Ruländer und dem wallisischen Malvoisie nahesteht.

Gewürztraminer
Grundgewächs ist der Traminer, den man in seiner weniger aromatischen und nicht »würzigen« Urform heute noch im *Klevener* von Heiligenstein findet.
Der heutige Gewürztraminer ist eine besonders geglückte und beglückende, würzige Auslese davon, denn das Optimum an Qualität erwächst ihm erkennbar nur im Elsaß.
Ein überaus gehaltvoller und aromareicher Wein, auch zum genüßlichen Verkosten.
Mehr als ein Fünftel der Anbaufläche, aber weit unter einem Viertel der Gesamtproduktion.

Riesling

Tokay Pinot gris

Gewürztraminer

Rotwein

Nur ein einziges Gewächs: *Pinot noir.* Manchmal als Rosé, immer häufiger wirklich als Rotwein ausgebaut und vinifiziert.
Geringer Anteil: höchstens 3 % der Anbaufläche.

Spätlese

Edelzwicker

Ein Verschnitt (der einzig zugelassene) zwischen mehreren Gewächsen (insbesondere Chasselas, Pinot blanc und Pinot Auxerrois, aber auch anderen); fällt deshalb sehr verschieden aus. Er wird aber dennoch von manchen Winzern sehr gepflegt. Einige haben ihn wegen seines eher niedrigen Images schamhaft umbenannt, z. B. in »Fischtrunk«.

Besondere Bezeichnungen

Vendanges tardives – Spätlese
Sélection de grains nobles – Beerenauslese
Diese Bezeichnungen sind erst seit einigen Jahren wieder zugelassen und gelten nur für die vier »Edelgewächse«: Riesling, Muskat, Tokay-Pinot gris und Gewürztraminer.
Die elsässischen Auslesen dürfen nicht chaptalisiert werden (jeglicher Zuckerzusatz ist verboten). Sie unterliegen scharfen Kontrollen.

Les eaux de vie d'Alsace

Die elsässischen Schnäpse: Aqua vitae, aqua ardens

Bei meinem jüngsten Besuch in Ribeauvillé traf ich im Keller meines Lieblingsschnapsbrenners auf ein deutsches Touristenehepaar, das Obstbrände in verblüffenden Mengen einkaufte. Als ich sie neugierig fragte, ob sie denn ein Restaurant betrieben oder ob sie Schnapssammler seien, erklärten sie mir, zum Sammeln hätten sie leider nie Gelegenheit, sie hätten gar zu viele Freunde, die Schnäpse ebenso schätzten wie sie. Als ich daraufhin wissen wollte, ob sie denn auch anderswo als im Elsaß Obstbrände einkauften, meinten sie lakonisch: Warum Schlechteres trinken, wenn man weiß, wo es das Beste gibt? Dem konnte ich nur zustimmen; dennoch versuchte ich, sie weiter aus der Reserve zu locken. Warum denn nun gerade die elsässischen Brände die besten seien? Die Begeisterung, ja die Leidenschaft, die aus ihnen herausbrach, war derartig impulsiv, daß kein Argument eigentlich befriedigend ausfiel. Erst als sich ein weiterer Freund des Hauses einmischte, ein Elsässer diesmal, wurde die Diskussion wirklich produktiv. Die Elsässer seien, bedingt durch ihre so besondere Geschichte, vielleicht auch als Folge ihrer ewigen Zerrissenheit, zum Perfektionismus verdammt. Sie müßten stets beweisen, mit Ausdauer und Verbissenheit – möglicherweise um anderes gutzumachen –, daß sie die besten sind oder es zumindest sein können. Und das gelte auch für die Schnapsbrenner! Ich hatte ein Dutzend Gläser vor mir stehen, und je mehr ich an ihnen schnupperte und kostete, desto klarer sah ich, daß etwas Wahres dran sein könnte an dieser Argumentation.

Jean-Paul Metté kostet.

In Anbetracht der Tatsache, daß die Kunst des Schnapsbrennens im Elsaß seit Jahrhunderten überliefert wird, glaube ich heute allerdings – mit etwas Abstand von jener emphatischen Unterhaltung –, daß noch etwas dazugekommen sein muß zu den vermuteten »Nationaleigenschaften« der Elsässer. Es ist sicher kein Zufall, daß das erste Handbuch, das zu unserem Thema verfaßt wurde – *Liber de arte distillandi*, Hieronymus Brunschwygks

»Buch von der Kunst des Destillierens« – im Jahre 1500 in Straßburg gedruckt wurde.

Daß Schnaps sogar für das ökonomische Gleichgewicht etwa der Stadt Colmar eine durchaus bedeutende Rolle spielte, läßt sich anhand zahlreicher Bestimmungen und Erlasse dokumentieren, und nicht zuletzt anhand von mehreren frühen »Schnapsskandalen«, die im 17. Jahrhundert eine vergleichbare Resonanz hatten wie in unserer Zeit die vielbeschriebenen Bordeaux-Panschereien oder der Skandal um die österreichischen Glykol-Weine.
Belegt ist zum Beispiel, daß das Herstellen und Verkaufen von Schnaps in Colmar und Reichenweiher (heute Riquewihr) seit dem frühen 16. Jahrhundert streng kontrolliert wurde. Seit 1506 wurden die »Wynnbrenner« (auch »Brennherren« genannt, was sicher auch ein Hinweis auf ihren sozialen Status ist) beaufsichtigt und besteuert; ab 1533 wurden auf den Transport von Schnaps spezifische Zölle erhoben. Die Situation in Straßburg ist vergleichbar; vermutlich lief der gesamte Handel bzw. der Export aus der Region über diese Stadt, was wohl damit zu erklären ist, daß der Rhein den wichtigsten Transportweg in Richtung Norden – Deutschland, Holland und Skandinavien – aber auch in Richtung Süden bis Basel darstellte. Für Straßburg sind ab 1577 die genauen Exportzahlen bekannt: in diesem Jahr wurden bereits 167 Fuder Schnaps exportiert, was der stolzen Zahl von 1830 Hektolitern entspricht!
Der erste überlieferte Schnapsskandal brach 1603 in Worms aus, wo von den Importeuren behauptet wurde, der Schnaps aus Colmar sei minderwertig, da er nicht aus reinem Drusen (d. h. aus Weinhefe), sondern auch aus Getreide hergestellt werde. Die Stadtväter wehrten sich heftig, erließen aber in der Folge – im Jahre 1658 – ein Gesetz, wonach es fortan streng untersagt war, Schnaps herzustellen und zu verkaufen, der nicht aus Wein und mindestens zu einem Drittel aus Drusen gemacht worden war.
Schon 1661 kam es zu einem neuen Skandal: Diesmal wurde auf der Frankfurter Messe behauptet, die Colmarer Schnäpse seien minderwertig und unrein. Daraufhin wurden vier Sonderkontrolleure bestellt, und nun lautete das Gebot: Nur Wein und mindestens zu zwei Dritteln Drusen. Die Kontrollen wurden im »Koifhüs« durchgeführt, wo der Hersteller oder der Verkäufer seine Ware vorführen mußte, und erst nachdem sie für die Bedingungen konform befunden worden war, erhielt der Schnaps eine Art Gütesiegel, ohne das nichts verkauft werden durfte.
Erkennbar ist also die Geschichte des elsässischen Schnapses zunächst eng mit der des Weines verbunden. Der einzige damals als Qualitätsschnaps anerkannte Brand war der aus Weinhefe. Diese Sicht der Dinge erfuhr allerdings im Lauf der Jahrhunderte einen tiefen Wandel, der vermutlich wiederum auf historischen Geschehnissen basiert. Nicht nur für die elsässische Schnapsproduktion, vornehmlich auch für den Weinbau hatten der Westfälische Frieden und die Anbindung des Elsasses an Frankreich schwere, zunächst wirtschaftliche Folgen, die sich in zweiter Linie dann auch qualitativ niederschlugen. Die traditionellen Exportwege vornehmlich nach Deutschland, Holland und Skandinavien blieben dem Elsaß fortan verschlossen. In Frankreich herrschten andere Trinkgewohnheiten, was zur Folge hatte, daß die elsässischen Produkte so gut wie unverkäuflich wurden. Damit ging ein qualitativer Zusammenbruch einher, der so weit führte, daß

im 19. Jahrhundert zumindest dem Drusenschnaps ein katastrophaler Ruf anhing. Ein Kinderreim aus dieser Zeit lautet: »Juckheidi, juckheida, Schnaps esch güat für Cholera!« Wenn die Kühe Koliken hatten, kurierte man sie mit Drusenschnaps. Drusenschnaps wurde den Landarbeitern zum Frühstück serviert, was als arbeitsfördernd galt. Überhaupt ist Schnaps weniger ein Genußmittel in jener Zeit, als vielmehr ein Nahrungsmittel, besonders auf dem Land. Selbst schwangeren Frauen wird geraten, zur Förderung ihrer Gesundheit und der des werdenden Kindes täglich ein wenig Schnaps zu trinken. Aber auch in den Städten wird es noch einige Jahrzehnte dauern, bis man beginnt, Schnaps vor allem wegen seiner verdauungs-, aber auch lustfördernden Funktionen zu konsumieren. In seiner *Topographie physique et médicale de la Ville de Strasbourg* aus dem Jahre 1816 erklärt der Arzt J. P. Graffenauer: »Der ungehemmte Konsum von Schnäpsen und starken Likören hat viel schädlichere Folgen als der des Weines und des Bieres. Diese Getränke, die heutzutage und vor allem bei der Jugend so unmäßig genossen werden, sind echtes Gift und tragen nicht wenig dazu bei, das Leben zu verkürzen... Man kann die Auswirkungen von Schnaps mit denen von Opium vergleichen: Wird er in kleinen Mengen eingenommen, so regt er die Fröhlichkeit an, steigert die Lebhaftigkeit und stärkt die Nervenkräfte; bei stärkeren Dosen bewirkt er Schläfrigkeit, Unordnung der Gedanken, Delirium, Lähmung der Zunge und der Glieder, und schließlich Lethargie und Apoplexie.«

André Buamann und Madame beim Brennen

Daß Schnaps von der ländlichen Bevölkerung tatsächlich mehr als Nahrungsmittel denn als Getränk, bzw. Genußmittel angesehen wird, kommt explizit in einem Protestschreiben des Sous-Préfet des Val de Villé zum Ausdruck, als er nämlich 1837 im Namen der Bevölkerung gegen die verschärfte Besteuerung von Steinobstbränden wettert und erklärt, Kirschwasser sei ein lebensnotwendiges Nahrungsmittel. Ähnliches ist in Rappschwihr zu beobachten, wo die Bevölkerung 1842 gegen die Besteuerung von Trester-Schnaps protestiert, da dieser nur für das Dienstpersonal und die Landarbeiter gebrannt werde, »denen man jeden Morgen ein Glas voll davon geben muß, damit sie die Arbeit nicht verschleppen«.

Daraus wird ersichtlich, daß zur selben Zeit die Obstbrände, insbesondere das Kirschwasser, aber auch bereits der Mirabellenschnaps, im Vormarsch sind und allmählich den übelriechenden, gewöhnlichen Drusenschnaps verdrängen. Ein Volk, das Wert auf die hervorragende Qualität seiner Produkte legt, ist auch erfinderisch, wenn es darum geht, Schimpfworte und negativ belastete Ausdrücke für ein mieses Produkt zu prägen. So heißt ein schlechter Schnaps im Elsässischen »Racheputzer« oder gar »Felsaspranger« (Felsensprenger), oder auch, und dieser Ausdruck ist beinahe unübersetzbar, »Krattel-d'Wand-nuff« – ein Schnaps, der so stark ist und einem so sehr den Hals verbrennt, daß man nach dem Trinken die Wand senkrecht hinaufklettern möchte!

Kirschwasser gehört von nun an auch in jeden bürgerlichen Haushalt. Fritz Kobus, Erckmann-Chatrians Ami Fritz, schätzt ein Gläschen Kirschwasser in allen Lebenslagen; sein Freund David Sichel, der alte Rebbe, der von allen Gelagen ausgeschlossen ist, weil er ja nur Koscheres essen darf, scheut nie vor einem Gläschen »Kirschwasser« zurück; dabei stellt er sich nie die Frage, ob dieses Getränk etwa koscher ist... Wann immer David seinen Freund Fritz seiner Neigung zu gutem und üppigem Essen und Trinken wegen einen »Epikaures« schimpft, nennt ihn Fritz einen »Posche Isroel«, einen schlechten Juden.

Ob der Rückgang der Schnapsproduktion und des Schnapskonsums im Elsaß zu begrüßen oder zu beklagen ist, kommt auf die Perspektive des Betrachters an. Feststellen kann man ganz gewiß, daß diese rückläufige Entwicklung während des 20. Jahrhunderts einherging mit einer geradezu wundersamen Qualitätsverbesserung. Mir scheint, daß sich hinter der Lust an der Vielfalt, der Suche nach neuen Düften und Aromen so etwas wie die Lust des Alchimisten verbirgt, der seinem Ziel immer näherkommt, es aber nie ganz erreicht. In seiner Eloge auf die elsässischen Schnäpse*, die Xavier Dumoulin 1966 schrieb, schwärmte er davon, daß er irgendwo in den tiefsten Vogesen 22 verschiedene Schnäpse angeboten bekommen habe. Das reichte vom schlichten Kirsch- und Mirabellenwasser über Sauerkirsche, Walderdbeere, Waldhimbeere, Hagebutte, Pflaume, Schlehe bis hin zu Holunder, Vogelbeere, Elsbeere, Stechpalme, Brombeere und vielem mehr. Bei meinem letzten, eingangs erwähnten Besuch bei Jean-PaulAmetté in Ribeauvillé habe ich auf seiner Preisliste nachgezählt: Sechzig verschiedene Brände hat er derzeit in seinem Angebot, dazu kommen neun *réserves exceptionnelles*, darunter ein Trüffelschnaps und ein 25 Jahre alter Trester aus Gewürztraminer Spätlese... Die »Wässerchen«, mit denen er zur Zeit noch experimentiert – vielleicht darf ich es gar nicht preisgeben, aber ich habe Pfifferling- und Steinpilzschnaps gerochen – sind in dieser Zahl noch nicht inbegriffen. Dafür aber so sonderbare Dinge wie eau-de-vie vom Arabica-Kaffee, von Waldmeister, Spargel, Pfeffer, Basilikum, Rhabarber und... das geheimnisvolle,

* Xavier Dumoulin: Eloge des eaux de vie, Saison d'Alsace Nr. 20, Straßburg, Herbst 1966

Réserve
Eau-de-Vie de
Marc d'Alsace
METTE

Der Vorlauf

erst in den letzten Jahren wieder entdeckte »Bouillon-blanc«. Ein »Weißes Gebräu«? Nein, ein Blick ins botanische Fachlexikon klärt den Laien darüber auf, daß es sich um die kleinblütige Königskerze handelt, auch Wollblume genannt. Metté – übrigens ein Winzersohn, der sich mit Leib und Seele dem Destillieren verschrieben hat, was so weit führt, daß er seinen Wein an die Winzergenossenschaft abliefert – betreibt seine Produktion in einer so besonderen Art und Weise, daß sich an seinem Beispiel gut darstellen läßt, wie im Elsaß gebrannt wird und wie man zu jener schon gerühmten, besonderen Qualität kommt, speziell bei den Obst-Schnäpsen. Ich möchte hier keine Neuauflage des *Liber de arte distillandi* anbieten, dazu wäre ich ganz und gar nicht in der Lage. Aber es gibt eine Reihe von objektiven Gründen, die zu kennen dem Liebhaber elsässischer eaux-de-vie vielleicht eine Freude und eine Bestätigung seines guten Geschmacks zugleich sein können.

Da ist zum einen im Elsaß die Regel, daß ein Schnaps stets doppelt gebrannt wird. Selbstverständlich fördert das die Qualität und den Geschmack, denn die meisten der beim einfachen Brennen entstehenden Fuselöle und andere unerwünschte Verunreinigungen bleiben dabei auf der Strecke. Und außerdem erhöht sich dadurch der Alkoholgehalt. Beim ersten Durchlauf, dem sogenannten »Litrung«, gewinnt man etwa 30 bis 35 prozentige Schnäpse; der zweite Durchlauf, im Elsässischen »Finbrand« oder »Guetbrand«, ergibt dann einen Alkoholgehalt von 60 bis 70 %. Das ist natürlich für den Konsum zu viel; das eau-de-vie wird dann durch Verdünnen z. B. mit geschmacksneutralem, reinem Quellwasser auf den gewünschten Alkoholgehalt von etwa 45 % gebracht.

Dem Ziel der Geschmacksverbesserung dient zum anderen die rigorose Eliminierung des Vorlaufes zu Beginn des Destilliervorgangs, in dem sich ein zu hoher Anteil von Rohalkohol und Fuselölen befindet, und auch des Nachlaufes am Ende, der mit unangenehmen Aromen und anderen Unreinheiten versetzt sein kann. Der mit dem Ausscheiden dieser minderwertigen Mengen verbundene Quantitätsverlust wird in der Meinung der elsässischen Brenner durch den Zugewinn an Qualität mehr als ausgeglichen. Es ist einzusehen, daß u. a. dieser Vorgang zu vergleichsweise höheren Preisen führt, was der Connaisseur gerne hinnehmen wird.

Auch die im Elsaß für die Schnapsherstellung schon seit langem vorgeschriebenen Mengen des Ausgangsproduktes – seien es Williamsbirnen, Himbeeren oder andere teure Obstsorten – führen zu erhöhten Kosten und in der Folge zu Preissteigerungen. Allerdings wurden diese Regeln in letzter Zeit durch EG-Minimum-Standards ersetzt, die unter den alten Sätzen liegen. Es bleibt abzuwarten, wie die elsässischen Brenner damit umgehen werden, d. h. ob sie wie ihre ausländische Konkurrenz diese neuen Standards anwenden werden oder ob sie im Interesse ihrer höheren Qualitätsziele bei den alten Mengen bleiben. – Wenn man mich fragte, wäre ich klar für letzteres.

Die Schnapsbrennereien im Elsaß sind durchweg eher handwerklich als industriell betriebene Firmen. Entsprechend traditionell ausgerichtet wirkt die verwendete Technik. Ob nun vergorene Brennmasse bei zuckerhaltigen Früchten wie Kirschen oder ob mazerierte* Brennmasse verarbeitet wird, beim Brennen achtet man auf nicht zu hohe Temperaturen, d. h. auf nicht zu schnellen Durchlauf; auch dies dient der Qualitätsverbesserung.

Bei diesen traditionellen Brennereien wird der gewonnene Schnaps meist erst in großen Korbflaschen gelagert, die nur durch Stofflappen verschlossen werden, um eine Atmung des neuen eau-de-vie zu ermöglichen. Auch diese Oxydation bei gleichzeitigem Verflüchtigen überschüssigen Alkohols ist ein Schritt in der Qualitätssteigerung des Endproduktes.

Daß das französische Kernland keine eigentliche Tradition des Trinkens von Obstschnäpsen hat, habe ich schon angesprochen. Es dominieren Cognac und Armagnac; einzig der Apfelschnaps aus Calvados macht da eine gewisse Ausnahme. So nimmt es nicht wunder, daß die elsässischen Brennereien trotz der Vielfalt ihrer Produkte und trotz deren Qualität nur 2 % des französischen Spirituosenmarktes abdecken. Ich habe nicht den Eindruck, daß die elsässischen Brenner unbedingt aus dieser Nische des Marktes herauswollen. Es scheint mir, daß sie u. a. mit ihrer hemmungslosen Experimentierlust eher daran arbeiten, sich den kleinen Marktanteil zu erhalten, den sie freilich mit einem Produkt bedienen wollen, das obersten Qualitätsansprüchen genügt.

Und so klingt es fast wie ein Spruch aus einer aktuellen Werbekampagne der Elsässer, wenn man bei Xavier Dumoulin liest: »In ihrer wunderbaren Vielfalt sind die Schnäpse aus dem Elsaß Quelle reiner, feinsinniger Freuden für diejenigen, die in unserem Jahrhundert der Eile noch in Andacht zu meditieren wissen«.

* Mazeration: Auszug der gewünschten Aromen aus bestimmten eher zuckerarmen Früchten, z. B. Himbeeren oder Kräutern durch Einlegen in reinen, geschmacksneutralen Alkohol.

La bière d'Alsace

Das elsässische Bier

Für dieses Kapitel mußte ich Gewährsleute in Anspruch nehmen. Ich konnte mich nicht auf meine persönliche Zungenprobe verlassen. Denn, ich muß es eingangs gleich gestehen: ich mag kein Bier! Ich mag es nicht riechen und ich mag es nicht schmecken. Mir scheint, dies ist die einzige Geschmacksphobie aus der Kindheit, die ich bis heute nicht überwunden habe. Ich mochte damals kein Fleisch, keinen Fisch, keine Tomaten, dafür schmeckte mir, anders als den meisten Kindern, ausgerechnet Spinat... Vor Menschen, die nach Bier rochen, lief ich davon. Daß ich mich bis heute nicht bekehren mochte, soll nicht heißen, daß ich mich nicht redlich bemüht hätte. Zum Beispiel habe ich auf dem Flohmarkt in Straßburg einen alten Bierkrug gekauft, auf dem ganz deutlich der Stern der Bierbrauer* zu erkennen ist. Ich habe ein Faible für altes Kunsthandwerk, ich mag es nicht zweckentfremden und gedachte, fortan Bier aus dem Krug zu trinken. Dennoch dient er auch heute leider, wenn überhaupt, als Blumenvase! Auch der Umweg über die Literatur hat nichts gefruchtet: Als ich entdeckte, daß sogar Novalis das Straßburger Bier gerühmt hat – dies behauptet zumindest Pierre Gaertner in seinem Buch *Die elsässische Küche* – war ich überzeugt, nun müsse auch mir Bier schmecken: »Ein guter Dichter ist nur, wer am Busen der Freude ruht. Wirkliche Freude gibt es nur in lustigen Kellern. Nur im Bier liegt das Wissen der Lust. Nur in Straßburg gibt es das beste Bier.« Zweifle ich weiterhin am Bier, weil ich dieses Zitat in keiner Novalis-Ausgabe gefunden habe? Jedenfalls funktioniert auch diese Methode nicht, genausowenig wie autogenes Training oder Selbsthypnose. Fangen gar Bierliebhaber in meiner Nähe an, die Argumente für und wider die verschiedenen elsässischen Biersorten abzuwägen, dann werde ich trotz allem guten Willen regelrecht taub.

Hingegen fühle ich mich verstanden, wenn ich wieder einmal in meiner alten, zerfledderten Ausgabe des *Ami Fritz* von Erckmann und Chatrian blättere und erneut auf die Stelle stoße: »Wir haben gestern abend zuviel Bier getrunken, sagte er sich und kratzte sich hinter den Ohren. Das ist ein Getränk, das einem die Gesundheit ruiniert. Es wäre gescheiter ge-

* Der Davidsstern als Symbol der Bierbrauer taucht auf alten elsässischen Stichen bereits im 15. Jahrhundert auf. Vermutlich sollte das Zeichen Brauer und Bier vor bösen Geistern und »Bierhexen« schützen. Als Symbol der jüdischen Gemeinde wurde das Hexagramm erst im Jahre 1897 eingeführt, nach dem Jüdischen Kongreß in Basel.

wesen, ich hätte eine Flasche Wein mehr und vier oder fünf Schoppen Bier weniger getrunken!« Und eine Seite weiter dann: »Welch tückisches Getränk, das Bier!, rief er. Diesem Gambrinus* hätte man den Hals umdrehen sollen, als er auf die Idee kam, Gerste mit Hopfen zu vermischen. Es ist wider die Natur, Süßes mit Bitterem zu vermengen; die Menschen sind verrückt, ein solches Gift zu schlucken!« Soviel aus dem Mund eines waschechten Elsässers, wenn auch einer literarischen Kunstfigur. Später, als Fritz bereits liebeskrank ist und Mittel und Wege sucht, die angebetete Suzel wiederzusehen, sitzt er sinnierend im Wirtshaus zusammen mit Freunden, die über dieses gefährliche Getränk philosophieren. »Wenn man so viele frühzeitig fett gewordene Menschen sieht, aufgedunsene, schwächliche Asthmatiker..., so liegt das am Bier aus Frankfurt, Straßburg, München und anderswo. Denn das Bier enthält zuviel Wasser, es macht den Magen träge, und wenn der Magen träge ist, geht das auf alle Glieder über«, erklärt Freund Hâan.

Genug der Zitate, ich jedenfalls fühle mich bestätigt in meiner Einstellung, die der Leser hoffentlich nicht nur als elitär oder parteilich empfinden wird. Denn ich will nicht leugnen, daß Bier ebenso zur elsässischen Küchenkultur gehört wie viele andere Produkte dieser Landschaft. Ich will nicht einmal leugnen, daß mir Schweinshaxe in Bier gebraten hervorragend schmeckt, daß zum Ausbacken aller möglicher Dinge, süßer und salziger, Holunderblüten und Karpfen beispielsweise, ein Teig mit Mineralwasser viel langweiliger schmeckt als ein Bierteig. Ich will auch alle Argumente der Biertrinker, und vornehmlich der elsässischen Biertrinker, akzeptieren – Bier sei die beste Medizin, Bier mache heiter und friedlich, Bier sei das gesündeste Schlafmittel und dergleichen mehr – ich möchte nur kein Bier selbst *trinken* müssen, um als echte Elsässerin zu gelten.

Statt dessen bin ich gerne bereit, mir *Gambrinus,* die 1959 in Mulhouse uraufgeführte komische Oper von Maurice Franck anzuhören, sollte sie jemals wieder in den Spielplan eines elsässischen oder sonstigen Theaters aufgenommen werden. Keine Seifen-Oper, nein eine Bier-Oper, komponiert von einem Halb-Elsässer, der immerhin einige Jahre Chefdirigent des Orchesters der Pariser Oper und Professor am dortigen Konservatorium war. Eine vertonte Faust-Geschichte, gewissermaßen. Der arme Gambrinus verliebt sich in ein reiches Mädchen aus dem Adel, und aus Gründen, die hier nicht erklärt werden müssen, wird er von ihr nicht erhört. Als der arme Kerl sich vor Verzweiflung schon fast erhängen will, taucht ein rettender Beelzebub auf und verspricht ihm Reichtum und die Liebe der Schönen. Dafür will er keineswegs Gambrinus' Seele im Tausch erhalten, nein, nur die Schöne selbst will er haben, die Gambrinus später sowieso schnellstmöglich loswerden möchte – auch das sagt ihm der freundliche Teufel voraus. Dreimal darf der geneigte Leser raten, wodurch der arme Gambrinus reich und in aller Welt berühmt wird – und weshalb ihm die Liebe dann gleichgültig wird. Auch dies ein elsässischer Beitrag zur Geschichte des Biers, der möglicherweise die Jahrhunderte überdauern wird.

* Gambrinus: ein sagenhafter flandrischer König, Zeitgenosse Karls des Großen, der als Erfinder des Bieres gilt.

BIERE D'ALSACE
Bière d'Alsace
BIERE D'ALSACE
Bière d'Alsace
Bière d'Alsace
Bière d'Alsace
Bière d'Alsace
Bière d'Alsace
Bière d'Alsace

Bière
d'Alsace

Überhaupt verdient dieses »Nahrungsmittel«, daß man einen Blick auf seine Geschichte wirft. Dabei will ich nicht in aller Ausführlichkeit bis zu den alten Ägyptern, Griechen oder Römern zurückblicken. Letztere nannten ihr Bier ohnehin *cerevisia* oder *cervisa*. Von echtem Bier kann eigentlich erst die Rede sein ab dem Zeitpunkt, als zur Geschmacksintensivierung Hopfen verwendet wurde, vermutlich also erst nach dem 15. Jahrhundert. Auch in Straßburg nannten sich die Bierbrauer, die in den Büchern der Stadt registriert waren, ehedem *cervisarii*.
Anstelle von Hopfen verwendeten die Hebräer einst Datteln und Honig, die Ägypter Minze, Lupine, Majoran und Petersilie, die Römer und die Gallier Anis, Absinth und Fenchel. Im Mittelalter kam der Gebrauch von Genever auf, von Koriander, Rosmarin und Salbei, später auch von Zimt und Gewürznelke. Mit Hopfen, der im Elsaß wild wuchs, wurden von den stets experimentierfreudigen Bierbrauern Versuche unternommen, die – weil sie positiv verliefen – im 18. Jahrhundert auch zu größerem Anbau führten. Um 1800 legte ein badischer Brauer namens Derendinger die ersten Hopfenplantagen des Elsasses in der Nähe von Hagenau an. Die Pflanzen hatte er aus Böhmen importiert. Der Hopfenanbau dehnte sich dann im 19. Jahrhundert im Elsaß aus, obwohl die heimischen Brauer dagegen anfänglich opponierten, weil sie den eingeführten Qualitäten mehr vertrauten. Erst die Einweihung der Hopfenhalle in Hagenau im Jahre 1867 brachte den elsässischen Hopfenanbauern den Durchbruch und dauerhaften Erfolg, nicht nur bei ihren einheimischen Kunden. 1939 entstand die Genossenschaft der Hopfenanbauer COPHOUDAL, deren Produkte seitdem zu etwa 40% regional verbraucht werden; der Rest geht in andere bierbrauende Regionen Frankreichs (z. B. nach Lothringen) oder wird nach Deutschland, in die USA und nach Japan exportiert. 75% der französischen Hopfenproduktion erfolgt jedenfalls im Elsaß, hauptsächlich im Norden und im Nordwesten von Straßburg.

Wie anderswo war auch im Elsaß seit dem hohen Mittelalter die Bierbrauerei eine Domäne der Klöster. Allerdings entstand schon im 10. Jahrhundert den Klöstern weltliche Konkurrenz. Bereits damals erhielt die Stadt Lüttich von Otto II. das selbständige Braurecht. Dies war ganz offenbar so etwas wie ein Signal, und in vielen anderen Städten entstand nun ebenfalls der neue Berufsstand der Bierbrauer. Verständlich war das Interesse der Städte auch deshalb, weil sie sich mit dem Bierbrauen eine neue Steuerquelle erschlossen. Die Klöster hingegen wandten sich nach dem Verlust ihres Brau-Monopols verstärkt dem Weinbau zu, sicher nicht zu dessen Nachteil.
Der mit dem 12. Jahrhundert einsetzende Aufschwung der Städte läßt überall in Europa weltliche Brauereien entstehen, so auch in Straßburg. Die Geschichte des dortigen Brauereiwesens ist sicherlich in vielerlei Hinsicht exemplarisch. Die Braukunst entwickelte sich in Straßburg in besonderem Maße, vermutlich als Konsequenz oder Nebenerscheinung des über Jahrhunderte andauernden Baues des Münsters. Die Versorgung der Leute vom Bau, offenbar schon damals eine für das Gelingen eines architektonischen Vorhabens sehr wichtige Voraussetzung, übernahm ursprünglich die Brauerei des Straßburger Münsterkapitels selbst; sie existierte allerdings nur bis etwa 1260. Danach ging ihre Funktion auf die immer zahlreicher werdenden Hausbrauereien

Gärkeller in der Brauerei Schützenberger

über, die sich in unmittelbarer Nachbarschaft der mächtigen Baustelle ansiedelten, auf der zahllose »Abnehmer« schufteten.

Den Archiven der Stadt ist ein erster Hinweis auf einen gewerblichen Brauer einem Eintrag vom 8. November 1259 zu entnehmen. Arnoldus* nahm seinen Sitz in der »Biergasse« (heute *ruelle de la Bière*), ganz dicht hinter dem Münster.

* Arnoldus: Der Heilige Arnold gilt allgemein als der Schutzpatron der Bierbrauer, was jedoch mit dem Namen des ersten in Straßburg niedergelassenen Brauers nichts zu tun hat, im Gegenteil. Der ganz spezielle Schutzpatron der elsässischen Brauer ist der Heilige Leonhard, vermutlich deshalb, weil die Brauerei des Arnoldus in der Biergasse sich neben einem Krankenhaus, dem Leonhards-Spital, befand.

Als vermutlich zweiter ließ sich Wilhelmus praxator 1280 in der Münstergasse nieder; er ging allerdings schon bald in Konkurs.

Dennoch blieb *Arnoldus, cervisarius*, nicht der einzige, der die permanente Großbaustelle des Münsters versorgte. Bauleute sind immer durstig, dafür sorgt schon das Gewicht der Bausteine und der Staub, den ihre Bearbeitung erzeugt.

Im 14. Jahrhundert lassen sich mindestens sieben Brauer – soviel wie heute – innerhalb der Stadtmauern nachweisen, die meisten mit Sitz in der Nachbarschaft des Münsters. 1358 ließ sich sogar eine Frau als Bierbrauerin nieder; *Zur Bierfrouwen* hieß ihr Etablissement. Im gleichen Jahr eröffnete *Beßerer, confector servisie*, sein Geschäft. 1375 entstand die

Brauerei im Bönlisgesselin, und um 1400 ließ sich *Wernherus dictus Biermann* mit seiner *Brauerei zum Hirtz* nieder.
Anfang des 15. Jahrhunderts entdeckte die Stadt die Möglichkeit der Besteuerung aller »Bierleute, die bier schenken«, ein weiterer Hinweis darauf, daß die Vertreter dieses Berufsstandes mittlerweile zahlreich genug waren, um auch als potentielle Steuerzahler ins Gewicht zu fallen und vom Stadtkämmerer ernst genommen zu werden. Und dies, obwohl damals das häusliche Brauen von Bier noch weit verbreitet war.
Mitte des 15. Jahrhunderts sorgte ein katastrophal früher Frost für den fast totalen Verlust der Weinernte mit der Konsequenz, daß Wein nahezu unerschwinglich wurde. Des einen Freud, des anderen Leid: In die so entstandene Lücke stießen die Brauer und die mehr als 40 Bierverkaufsstellen, vulgo Schenken, in der Stadt, worauf der Kämmerer wegen des unverhofften Steuersegens ebenfalls strahlte und heimlich Petrus eine dicke Kerze stiftete.
Den Archiven und Dokumenten ist auch zu entnehmen, daß das elsässische Brauereiwesen sehr früh schon äußerst strengen Gesetzen und Regeln unterworfen war. So herrschte zwischen St. Georg und St. Michael, d. h. zwischen April und September, ein absolutes Brauverbot, vermutlich weil es technisch noch nicht möglich war, die Temperaturen bei der Gärung niedrig genug zu halten – die 1879 von Linde erfundene Kältemaschine kam im Brauereiwesen erst in den letzten Jahren des 19. Jahrhunderts zum Einsatz –, und deshalb die Qualität des im Sommer entstehenden Bieres dem Publikum nicht zugemutet werden konnte. Mit der Verfeinerung ihrer Kunst glaubten die Brauer, dieses Problem im Griff zu haben, weshalb sie nach 1579 immer wieder um Ausnahmegenehmigungen bei der Stadt eingekommen sind, mit wohl unterschiedlichem Erfolg. Erst das Jahr 1783 brachte den Brauern die Freiheit, ihr Bier ganzjährig herzustellen. Ich habe keinen Hinweis darauf gefunden, warum ausgerechnet in diesem Jahr das Verbot aufgehoben wurde (der bahnbrechende Forscher Louis Pasteur, der einige Jahre in Straßburg lebte und dem auch die Brauer viel zu verdanken haben, war zu diesem Zeitpunkt noch nicht geboren!). Ich vermute, daß der Stand ihres Wissens es den Brauern inzwischen tatsächlich gestattete, die Temperaturen der Gärung auch dann unter ausreichender Kontrolle zu halten, wenn im Sommer die Außentemperaturen stiegen. Aber nicht nur die Brauzeit war genauestens vorgeschrieben, auch die Zutaten unterlagen der Kontrolle. Genehmigt waren grundsätzlich nur Wasser, Gerste und Hopfen. Wenn man so will, eine frühe Form des

Braumeister Michel Debus, der »Botschafter des elsässischen Biers«

deutschen bzw. bayerischen »Reinheitsgebotes«! Womit läßt sich wohl diese Sorge um die Reinheit des Bieres auf Seiten der Behörden erklären? Wollten sie nur einer hehren Sache, etwa der Volksgesundheit, dienen? Beabsichtigten sie, den Verbraucher vor Krankheiten und Infektionen zu schützen? Als ich Braumeister Michel Debus während eines langen Gesprächs diese Frage stellte, erklärte er mich freundlich für naiv. »Nein, Gerste und Hopfen unterlagen der strengen Kontrolle wegen der Besteuerung dieser Produkte. Wirtschaftliche Interessen, nichts anderes! Glauben Sie etwa, daß die deutschen Bierbrauer vor einigen Jahren das bayerische Reinheitsgebot ausgegraben haben, nur um den deutschen Biertrinker zu schützen? Wogegen denn? Deutsches Bier ist eher weniger haltbar als ausländische Biere, und demzufolge für den Export nicht ohne weiteres geeignet. Aber gerade deshalb will man nicht dulden, daß ausländische Biere – und seien es elsässische! – deutsche Marktanteile erobern. Da liegt es doch auf der Hand, ein Gebot von 1516 aus der Schublade zu ziehen, um es als Deckmäntelchen für den Wunsch nach protektionistischen Maßnahmen zu nutzen.« Soweit die gewiß auch nicht gänzlich uneigennützigen Ansichten des Vorsitzenden der elsässischen Brauerinnung und Chefs der Großbrauerei Fischer in Schiltigheim.

Aber zurück zur Stadtgeschichte. Die das Brauen betreffenden Regeln, Gesetze, Verbote und Gebote wurden nicht nur erlassen, sondern von der Stadt auch durchgesetzt. Beamtete »Bierkieser« kontrollierten scharf, überprüften ständig die Qualität des frischen Bieres und setzten entsprechend dem Befund die Preise fest.

Wie alle Gewerbetreibenden mußten sich einst auch die Brauer einer Zunft anschließen. Sie waren aber ihrer Zahl nach dafür eigentlich zu wenige, mußten sich zudem während der braufreien Zeit Ersatzberufe suchen. Dies führte dazu, daß sie sich den Küfern anschlossen und mit ihnen eine gemeinsame Zunft bildeten.

Das hier beschriebene System galt gewiß auch in den anderen elsässischen Städten, wo sich – wie zum Beispiel in Colmar seit dem frühen 14. Jahrhundert – ebenfalls ein aktives und erfolgreiches Brauwesen entwickelte. Auch Erstein, Mutzig, Hochfelden und andere Städte hatten und haben zum Teil noch heute traditionsreiche Brauereien, die aus diesen frühen Anfängen entstanden. Im 18. und 19. Jahrhundert machten die Brauereien gewaltige Fortschritte; der Ausstoß verzehnfachte sich. In den engen Innenstädten war diese »Expansion« nicht möglich; der Platz reichte für die Entwicklung nicht aus. Also gingen die Straßburger Brauereien in die Vorstädte, so

In der Brauerei Schützenberger

Fritzbräu, »la bière de l'Ami Fritz« in Saverne

nach Schiltigheim und nach Kronenburg, wo sie sich zum Teil noch heute befinden. Die erste Hälfte des 20. Jahrhunderts blieb jedoch geprägt von der Vielzahl kleiner und mittlerer Brauereien, die ihre Produktion weitgehend an ihrem jeweiligen Standort oder in dessen unmittelbarer Nachbarschaft bei ihren Vertragsschenken absetzten, die jeweils die Biere einer Brauerei exklusiv ausschenkten. Dabei achtete man in jenen goldenen Zeiten derartige Lieferanten-Kunden-Bindungen und jagte sich nicht gegenseitig die Abnehmer ab.

Die Zeit nach dem Zweiten Weltkrieg, die zunächst nochmals kräftige Steigerungen der Produktion mit sich brachte, führte zu einer grundsätzlichen Änderung des elsässischen Brauwesens. Wie auch in anderen Gewerbezweigen und Industrien setzten ein erbarmungsloser Wettbewerb und in der Folge eine starke Konzentration ein. Viele Brauereien schlüpften unter das Dach der Alsacienne de Brasserie (Albra), oder sie gingen ein. Wenige erfolgreiche blieben übrig und wurden dabei notwendig zu Großbetrieben. Aus dem Gewerbe wurde eine Industrie. Und ganz zum Schluß kamen die Holländer und – um im Bild zu bleiben – schluckten auch noch die meisten Großen: Die Großbrauerei Heineken übernahm die erwähnte Alsacienne de Brasserie, an der sie heute über 90 % der Anteile hält. 1960 gab es in Straßburg und Umgebung noch 21 Brauereien; 1972 war ihre Zahl schon auf 12 gesunken. Die größte von ihnen ist die Brauerei *Kronenbourg*. 1664 in Straßburg neben dem alten Zollhaus gegründet, zog sie 1850 in den Vorort der Stadt, dessen Namen sie sich wenig später aneignete. Die 1821 ebenfalls in Straßburg gegründete Brauerei *Fischer* zog 1854 in den Vorort Schiltigheim um, wo im Jahre 1864 die Konkurrenz *Adelshoffen* entstand. Schon 1922 konnte Fischer Adelshoffen übernehmen, führte die Brauerei jedoch bis zum heutigen Tage als eigenständige Firma weiter. In Schiltigheim befindet sich auch seit 1866 die 1740 gegründete Brauerei *Schützenberger*. Die fünfte der sieben noch existierenden elsässischen Brauereien ist *Météor*, 1640 in Hochfelden entstanden, die 1988 als Reverenz vor der großen jüdischen Gemeinde im Elsaß ein koscheres Bier auf den Markt brachte. Die Gründerfamilie der 1845 in Saverne entstandenen Brauerei *L'ami Fritz* war 1972 um einen zur Führung der Firma geeigneten Erben verlegen und verkaufte die Brauerei an die saarländische Brauerei Becker in St. Ingbert, die sie seitdem als eigenständige Firma betreibt. Und dazu kommt seit 1972 als zweitgrößte elsässische Brauerei nach Kronenburg die Brauerei *Heineken* in Schiltigheim.

Solche Vorgänge sind vermutlich unausweichlich; begrüßen wird man sie nicht. Denn ebenso unvermeidbar ist eine Vereinheitlichung der Qualität und des Geschmacks; die so interessanten regionalen und lokalen Unterschiede gehen zwangsläufig verloren. Das in den heutigen Großbrauereien hergestellte Bier schmeckt – so sagt man mir – überall und zu jeder Jahreszeit gleich.

Abweichungen werden als Qualitätsminderung verstanden und mit Hilfe der Nahrungsmittelchemie verhindert.

Reklametafel der Brauerei Schützenberger

Offenbar aber haben die Strategen in den übrig gebliebenen Großbrauereien erkannt, daß diese Nivellierung das Konsumverhalten der Bierliebhaber negativ beeinflussen könnte und versuchen inzwischen mit Differenzierung ihres Angebotes gegenzusteuern. So bietet man neben den Bieren, die gegen den Durst getrunken werden, neuerdings auch sogenannte *bières de dégustation* an, die wie das Konkurrenzprodukt Wein wegen ihres besonderen Geschmacks langsam und mit Genuß zu trinken sind. Ein Trend wird propagiert, der weg vom Vieltrinker und hin zum Raffinement suchenden Bierkenner führen soll. Deshalb werden heutzutage viele Versuche mit fast exotisch zu nennenden Biersorten gemacht, so zum Beispiel bei der Brauerei Adelshoffen das »Adelscott«, dessen Malz mit schottischem Torf geräuchert wird wie der Scotch Whisky. Und bei Fischer experimentiert man mit Bieren, deren Geschmack an die jeweilige Jahreszeit angepaßt wird. Um sich den potentiellen Kundenkreis der Frauen zu erschließen, haben die Marketing-Fachleute von Fischer 1989 eine *Bière amoureuse* auf den Markt gebracht! Ob diese und andere Versuche den gewünschten Effekt haben und bei den Biertrinkern »ankommen«, bleibt vorerst eine offene Frage; bisher decken solche *bières de dégustation* erst 5,6 % des Gesamtmarktes ab. Ich fürchte, daß auch diese angestrebte Diversifizierung meine Vorliebe für andere Getränke nicht mindern wird. Dafür werde ich weiter nach den kleinen elsässischen Brauereien Ausschau halten, die ihre Individualität und die ihrer Biere verteidigen. So registriere ich bereits mit Freude einige schüchterne Versuche, an alte Traditionen anzuknüpfen und in Kleinbrauereien (von den etablierten Bierbrauern despektierlich »Mikrobrauereien« genannt) das »Handwerk« des Bierbrauens wieder zu Ehren zu bringen. So etwa

Söimawe und Grumbeere-wurscht schmecken zum Bier

La Petite France in Straßburg: Eine Schleuse an der Ill ▷

in Mulhouse in der *Cave Gambrinus* und in Straßburg in der *Brasserie O'Neil* (Siehe Kapitel »Nos bonnes adresses, S. 188). Auch ist mir auf der letzten »Europäischen Biennale für Bier und durstlöschende Getränke« (sic!), der 1989 ins Leben gerufenen Eurobière-Messe, aufgefallen, daß eine Dinkelmühle in Krautwiller, nördlich von Straßburg, versucht, ein biologisches Dinkelbier namens Spelteor auf dem Markt durchzusetzen. Ende Oktober 1993 wurde in Straßburg eine *Fête de la bière artisanale* veranstaltet (ein Fest der handwerklich gebrauten Biere). Solche Initiativen machen mich neugierig. Und möglicherweise wird diese Neugier eines Tages ausreichen, um aus mir eine Bekehrte zu machen.

Festhalten möchte ich vorerst nur, daß 1992 im Elsaß 11,5 Millionen Hektoliter Bier gebraut wurden, etwa 54 % der französischen Bierproduktion. Der Anteil stieg im April 1993 auf 58 %, was bedeutet, daß inzwischen mehr als die Hälfte des in Frankreich gebrauten Bieres im Großraum Straßburg hergestellt wird. Den Papst des elsässischen Bieres, Michel Debus, erfüllt diese Erkenntnis mit Stolz. Für ihn zerfällt die Welt in zwei Teile, die Menschheit in zwei Gruppen: die Biertrinker und die Weintrinker – die Bierregionen und die Weinregionen. Das Elsaß jedoch ist ein begnadetes Land – *une terre bénie des dieux* – die große Ausnahme. Es erfüllt alle Bedingungen, um den besten Wein und das beste Bier hervorzubringen. Der Boden ist großzügig, ebenso die Sonne, es wächst Wein, es wächst Getreide, es wächst Hopfen und aus dem Sandstein und dem Kalk sprudelt das beste Wasser. Der Elsässer trinkt mit der gleichen Begeisterung Wein und Bier.

»Vergesse tüet mer Meej un Sorje
Bim a Schöppel Bier!
Mer denkt net an dr ander Morje
Es isch e Weltpläsier.«

Repas de fêtes et calendrier gastronomique

Festessen und kulinarische Bräuche

Wer in Johann Geiler von Kaysersbergs wortgewaltigen Predigten »wider die Sünden des Mundes« *(Navicula sive speculum fatuorum)* schmökert, mag erstaunt feststellen, daß der elsässische Klerus des 15. Jahrhunderts offenbar ziemlich genau Bescheid wußte über die Tischsitten der lieben Gläubigen. Oder waren die drohenden Tiraden von der Kanzel des Straßburger Münsters herab am Ende doch sehr übertrieben? Aber auch die Kapitel »von Tisches Unzucht« und »vom Völlen und Prassen« in Sebastian Brants *Narrenschiff* und lange Passagen bei Thomas Murner (*Schelmenzunft* und *Narrenbeschwörung*) behandeln ähnliche Themen. Und in der Tat: In welcher elsässischen Dorfchronik man auch blättert, immer wieder stößt man auf haarsträubende Beschreibungen von nicht enden wollenden Festgelagen, insbesondere aus Anlaß von Hochzeiten. Spätestens wenn man liest, daß bereits im 16. Jahrhundert in zahlreichen elsässischen Gemeinden immer wieder, wenn auch meist vergebens, »Gesetze gegen den Luxus« erlassen wurden, deren Zweck es war, die Freßgelage in Grenzen zu halten, glaubt man, daß Eßkultur im Elsaß auf Tradition beruht oder – weniger beschönigend – daß der Elsässer vor allem ein Vielfraß ist. Wieso hätte man sonst die Anzahl der Gäste, die Anzahl der Gänge bei Tisch und die Dauer der Feste einschränken sollen? Erst 1789 wurden in Straßburg die drastischen, den Luxus eindämmenden Gesetze abgeschafft. Vielleicht weil im Revolutionsjahr ohnehin überall Hungersnöte herrschten und selbst die Elsässer gezwungen wurden, den Gürtel enger zu schnallen? Allerdings nicht sehr lange. So wird z. B. im späten 19. Jahrhundert von einer Dorfhochzeit berichtet, die acht Tage dauerte und bei der 142 Gäste geladen waren. Verzehrt wurden 600 Kilo Rindfleisch, 350 Kilo Kalbfleisch, über 50 Kilo Würste; für die Herstellung von Gebäck und Süßigkeiten wurden 165 Pfund Butter und 27 Sack Mehl verarbeitet, getrunken wurden 1440 Liter Wein...

Es wird für selbstverständlich erachtet, daß zwischen Essen und sozialem Status, zumindest in unseren westlichen Kulturen, eine enge Verbindung besteht. Dennoch scheint mir, daß das Verhältnis zum Essen beim Elsässer besondere Formen annimmt. Bemerkenswert ist z. B., daß der Geiz, der selbstverständlich stets als Laster gegolten hat, anhand von »Essenskriterien« gemessen wird. »Gewöje un gemesse isch ball gesse« – »Gewogen und gemessen ist bald gegessen« heißt es, wenn jemand so sparsam ist, daß er alles abwiegt. »Der isch de reinscht Linsespalter« (der reinste Linsenspalter), oder »der zählt der Famili d' Nüdle im Teller« (der

zählt den Familienmitgliedern die Nudeln auf dem Teller ab), heißt es von jemandem, der knauserig ist. Oder schlimmer: »Der isch so hungerich (»hungerich« bedeutet im elsässischen geizig), daß er am Owe der Büch an de Ofe hebt, fuer s'Middaesse uffzewärme un s'Nachtesse ze spaare« (der ist so knauserig, daß er am Abend den Bauch an den Ofen hält, um das Mittagessen aufzuwärmen und das Abendessen zu sparen)! Und immer noch zum Thema Geiz: »D'Supp isch so rüedi, daß meh Aue ninlöje als erüss«: die Suppe ist so mies, daß mehr Augen hineinschauen als (Fettaugen) heraus.
Umgekehrt gibt es zahllose Zeugnisse dafür, daß der gute Elsässer geradezu unvernünftig verschwenderisch sein kann, wenn es ums Essen geht. »Köjelupf und Tarte/D'Schulde kenne warte!« Solche Sprüchlein gibt es ähnlich viele wie die über den Geiz. »Ein gut Mahl ist Henkens wert«, lautet ein elsässisches Sprichwort aus dem 16. Jahrhundert.
Hat sich dieses besondere Verhältnis zum Essen in bestimmten Bräuchen niedergeschlagen und erhalten? Was ist im heutigen Elsaß von den überschwenglichen Essensgewohnheiten übrig geblieben?

Das Hochzeitsfest

Hirse galt einst als Fruchtbarkeitssymbol und mußte bei allen Hochzeitsessen in Form von Hirsebrei aufgetischt werden. In manchen Ortschaften wurde der Hirsebrei auch am Vorabend der Hochzeit gegessen, wenn die Verlobten mit ihren Freunden Abschied nahmen vom Junggesellenleben bzw. vom Jungfernstand. Dieser Brauch soll zurück ins 9. Jahrhundert reichen. Vom 16. Jahrhundert an galt auch Weizen als Fruchtbarkeitssymbol. In manchen Dörfern erinnert daran der Brauch, daß die frisch Vermählten mit Weizenkörnern beworfen werden, wenn sie aus der Kirche treten, bzw. nach Hause gehen. Meist hat aber Reis den Weizen ersetzt (was vielleicht den Angelsachsen abgeschaut worden ist).
Möglicherweise hat die Etymologie jedoch schon unsere Vorfahren zum Narren gehalten: Auch das »Hirzesse« (Hirschessen) als vorhochzeitlicher Brauch ist immer wieder belegt, wobei der Hirsch als Symbol der Männlichkeit und in der Folge der Fruchtbarkeit gilt. Da nun aber Hirsch nicht zu jeder Jahreszeit und nicht in jeder Gesellschaftsschicht so einfach zu haben war, wurde der Brauch etwas vereinfacht. Statt Hirschbraten begnügte man sich mit »Hirzhörnle«, einem Gebäck, das ein Hirschgeweih nachbildet. Auch der

Brauch der »Hirschhörnle« ist in manchen Gegenden oder Familien noch lebendig. Vom Hochzeitskuchen in Krebsform allerdings – auch der Krebs gilt als

Fruchtbarkeitszeichen – habe ich nirgendwo Spuren entdeckt. Die alten Kuchenformen gibt es noch in den Museen zu sehen, und einige Töpfer in Soufflenheim stellen sie auch heute wieder her, aber ganz offenbar ist das reine Folklore. Auch die prächtigen, kunstvoll bemalten »Hochzeitsschüsseln« werden von einigen Töpfern wieder angeboten. Der zugehörige Brauch bestand darin, daß man dem Brautpaar eine große, mit Vogel- und Blumenmotiven bemalte und mit den Initialen des Paares versehene Suppenschüssel schenkte, auf daß es in den kommenden Jahren nie am Grundnahrungsmittel Suppe fehle. Sehr anrührend und in manchen Familien ebenfalls noch gepflegt ist der Brauch der »Brautsuppe«, erkennbar abgeleitet von der Morgensuppe, die in ländlichen Gegenden gewöhnlich gegessen wurde: Am Hochzeitsmorgen, vor dem Kirchgang, ißt das Brautpaar gemeinsam aus einem Teller und mit einem Löffel die Suppe, die es fortan ein Leben lang teilen wird.

Daß die Hochzeiten, nicht nur im Elsaß, hauptsächlich im Frühjahr gefeiert wurden, hat damit zu tun, daß man für ein großes Fest viel Platz brauchte: Im Frühjahr war die Scheune fast leer und deshalb leicht für allfällige Gelage zu nutzen…

Die Taufe

Ähnlich wie beim Hochzeitsessen scheint es üblich gewesen zu sein, in großen Mengen Kuchen aus Biskuitteig in Form von Wickelkindern zu backen. Alte Formen werden in Museen aufbewahrt, die Repliken, die die

Soufflenheimer Töpfer wieder herstellen, dienen wohl hauptsächlich als Küchendekoration.

In vielen Familien wird jedoch der beste Wein des Geburtsjahres in mehr oder weniger ansehnlichen Mengen im Keller zur Seite gelegt: die Hälfte davon wird für die Kommunion des Täuflings aufbewahrt, die andere Hälfte für seine Hochzeit (ein Hinweis darauf, daß sich die elsässischen Weine entgegen oft geäußerter Meinung auch früher schon längere Zeit lagern ließen!)

Advent

Wie in allen deutschen Provinzen ist auch im Elsaß der Advent die Zeit des Weihnachtsgebäcks. »Schwowebredle« sind meist die ersten, gefolgt von »Anisbredle«, »Schankala«, Lebkuchen und vielen andren. (Rezepte siehe Desserts, S. 111 und folgende.) Wenn in der Adventszeit ausnahmsweise einmal ein Abendrot zu sehen ist, erzählen die Mütter ihren Kindern: »S'Chrischtkindle bacht Bredle«...

Nikolaus

Schon im 12. Jahrhundert galt der heilige Nikolaus als Schutzpatron der Schüler. Die Legende besagt, er habe drei Jungen aus den Händen eines bösen Metzgers gerettet, der aus ihnen Hackfleisch machen wollte. Im 16. Jahrhundert gab es in Straßburg einen Nikolausmarkt, wo die Eltern für ihre Kinder Geschenke und Süßigkeiten kauften. Der protestantische Stettmeister, dem der Heiligenkult widerstrebte, verlegte den Markt auf die Woche vor Weihnachten, mit der Erklärung, nicht der heilige Nikolaus, sondern das »Christkindel« bringe die Geschenke. Den Straßburger Christkindelmarkt gibt es noch heute – viele Gemeinden haben es der Stadt Straßburg gleichgetan. Seit vielen Jahrzehnten findet er auf dem Broglie-Platz, der im Dezember aus allen Nähten platzt, seit wenigen Jahren auch wieder auf dem Münsterplatz statt. Trotz des erwähnten behördlichen Eingriffs wird der heilige Nikolaus in den katholischen Familien nach wie vor verehrt. Bis heute besteht die Tradition »Mannala«, bzw. »Män-

Winterstimmung in Niedermorschwihr

nele« zu backen oder zumindest beim Bäcker zu kaufen: kleine Hefeteig-Nikoläuse mit Augen aus Rosinen. Auch Lebkuchen-Nikoläuse prangen in den Schaufenstern der Bäckereien im ganzen Elsaß. Ob auch heute noch der »Saint Nicolas« in Begleitung des furchterregenden »Hans Trapp« am 5. Dezember spät abends durch die Dörfer zieht, um die guten Kinder mit Lebkuchen, Äpfeln und Nüssen zu belohnen und die bösen mit der Peitsche zu bestrafen (diese undankbare Aufgabe überließ der Heilige dem Hans Trapp), weiß ich nicht. Ich erinnere mich nur an schreckenerfüllte Abende in meiner Kindheit, solange man noch nicht wußte, ob die bösen Taten gnädigst übersehen würden oder nicht.
Ein reines Gewissen hat ja wohl kein Kind, und ein Erwachsener erst recht nicht.

Weihnachten

Daß die deutsche Tradition des Weihnachtsbaumes im Elsaß entstand, daran haben die Elsässer keinen Zweifel. Die ersten Spuren dieses Brauches sind in der zweiten Hälfte des 15. Jahrhunderts belegt. Geschmückt wurde der Baum ursprünglich mit Äpfeln – denn er stand als Symbol für den Paradiesbaum – und Hostien (als Sinnbild für die neue Eva, d. h. die Kirche und die Erlösung). Der Brauch verbreitete sich vom Elsaß aus in ganz Deutschland und nach 1871 drang er auch nach Westen, nach Frankreich vor (wo ihm aber bis heute eine gewisse Exotik anhaftet).
Vor der Mitternachtsmette gab es früher nichts als »Berawecka« (Rezept S. 114) und »Warmer Vin-chaud-Wyn« (Rezept

S. 123). Danach dann ein eher frugales Mahl, meist eine Suppe. Das weihnachtliche Festessen fand am ersten Weihnachtsfeiertag mittags statt. Als Nachtisch gab es Christstollen, davon wurde aber soviel auf Vorrat gebacken, daß er bis Neujahr reichte. Die Hauptgerichte waren je nach Gebiet sehr verschieden: Im Süden des Elsaß ißt man bis heute gerne gebackenen Weihnachtskarpfen. Die Weihnachtsgans wurde im 19. Jahrhundert häufig durch den Weihnachtstruthahn ersetzt; heute teilen sich die beiden Tiere die Gunst der Elsässer.

Jedenfalls bekommen auf dem Bauernhof selbst die Tiere eine Sonderration zu Weihnachten, das sogenannte »Wihnachtshämpfele«.

Viele Bratschtalla am Schierator…

Neujahr

Daß auch der Beginn des neuen Jahres mit besonderen Essensgewohnheiten verbunden ist, kommt in vielen volkstümlichen Sprüchlein und Kinderreimen zum Ausdruck. Der schönste lautet:

»M'r wuensche euch a
glicklichs Nejjohr,
A Bratschtall wia a Schierator,
A Labküacha wia a Ziageldach
A Cerwila bis uff Hagebach«

(»Wir wünschen euch ein glückliches Neujahr, eine Brezel wie ein Scheunentor, einen Lebkuchen wie ein Ziegeldach und eine Zervelatwurst so lang, daß sie bis Hagenbach reicht). Daß dieser Spruch aus dem Sundgau stammt, erkennt jeder, der weiß, wo Hagenbach liegt.

Die heiligen drei Könige

Das Fest war einst von aufwendigen Mysterienspielen begleitet, auf die bereits im 12. Jahrhundert hingewiesen wird. Die Texte deuten wiederum darauf hin, daß im Elsaß die Heiligen Dreikönige so heilig nicht waren, jedenfalls nicht, sobald es ums Essen ging:

»Die drei Könige mit ihren Sternen,
Sie krachen die Nüssen und essen die Kernen.
Drei Könige mit ihrem Stern,
Sie fressen und saufen, bezahlen nicht gern.«

Die Tradition des Dreikönigskuchens mit der eingebackenen Saubohne (später wurde daraus eine Porzellanfigur, heute ist sie leider aus Plastik oder aus Blech) geht zurück in das 17. Jahrhundert. Anfangs kannte man den Brauch nur in den Zünften, wo an diesem Tag der »Bohnenkönig« gewählt wurde. Erst gegen Ende des 18. Jahrhunderts übernahmen die Städter diesen Brauch. Auf dem Land begnügte man sich mit einer großen süßen Brezel.

Nach dem Westfälischen Frieden feierte man im Elsaß übrigens auch des Königs Geburtstag. Aus dieser Zeit stammen die Soufflenheimer Kuchenformen mit der Bourbonenlilie. Diese Kuchenform wurde – und wird teilweise heute noch – häufig für den Dreikönigskuchen benutzt.

Fastnacht

Die Herrenfastnacht wurde hauptsächlich von den Zünften ausgerichtet. Man versammelte sich in großen Festsälen zu ausgiebigen Festessen. Verteilt wurden »Fassenachtskeechle«, die man sich auch unter Freunden, Bekannten und Nachbarn schenkte. Die Bauernfastnacht fand eine Woche nach der eigentlichen Fastnacht, also am ersten Sonntag der Fastenzeit, statt. Auch hier gab es die Tradition der Fassenachtskeechle – die Bauernfastnacht wurde auch »Keechelsundi« (Küchleinsonntag) genannt. Fast überall im Elsaß ist die Fastnachtstradition ausgestorben, lebendig ist lediglich die Keechle-Tradition geblieben. Meine Großtanten machten sie noch selbst. Heute kauft man sie beim Bäcker: sie sind leichter, weniger fett, aber auch viel langweiliger – natürlich traure ich den dicken duftenden Kugeln meiner elsässischen Verwandten nach.

Gründonnerstag

Wie überall entlang des Rheines steht auch im Elsaß an diesem Tag Spinat mit Eiern auf dem Speisezettel. Dazu kamen einst neun weitere grüne Kräuter: Kerbel, Sauerampfer, Schnittlauch, Petersilie, Brennessel, Löwenzahn, Grünkohl oder Lauch, Schafgarbe und die Blätter des Himmelsschlüssels. Die Farbe grün ist das Sinnbild der wiedererstehenden Natur, die Kräuter bilden zusammen die »Apotheke Gottes«. Dieses »Niengrittelg'mees« (Neunkräutleingemüse) hat auch mit einem Reinigungsritual zu tun; die im Winter aufgenommenen und angesammelten Unreinheiten werden damit ausgemerzt.

Ostern

Die ersten Spuren des Ostereier legenden Osterhasen finden sich beim Straßburger Dichter Fischart (1572), wohingegen bei dem Prediger Geiler von Kaysersberg, der häufig volkstümliche Bräuche erwähnt, im frühen 16. Jahrhundert vom Osterhasen noch nicht die Rede ist. Immer vielfältiger werden die Eier im Lauf der Jahrhunderte: echte Eier werden bemalt, es werden Eier aus Zucker und Eier aus Schokolade gegossen. Mit den vermehrten Süßigkeiten wird Ostern auch immer mehr zum Fest der Kinder. Viel älter scheint der Brauch der Osterlämmer aus Biskuitteig zu sein. Die Formen wurden und werden auch heute wieder in den Soufflenheimer Töpfereien hergestellt. Im ganzen Elsaß, von Norden bis Süden, werden in der Vorosterzeit die Schaufenster der Bäcker mit solchen puderzucker-

bestäubten, mit einem Papierfähnlein versehenen Lämmern geschmückt.
Nahezu in Vergessenheit geraten scheint jedoch der Brauch, seiner oder seinem Geliebten zu Ostern ein kunstvoll bemaltes, mit einem Liebessprüchlein beschriftetes Ei zu schenken. Im Straßburger Musée alsacien wird ein gläsernes, von 1756 datiertes Ei aufbewahrt, auf dem zu lesen steht: »Aus lauter Lieb und Trey/ schenk ich dir dies Ey«. Andere, zum Teil deutlich jüngere Ostereier verbreiten folgende Weisheiten:

»Aus lauter Lieb und Treu
Geb ich dir dieses Ei,
Und wenn das Ei zerbricht
bricht doch die Liebe nicht!«

»Dieses Ei hat gelegt der Has
Für dich mein Schatz ins grüne Gras«
»Durch dieses Ei will ich erfahren
Ob wir zwei uns können paaren!«

Die Phantasie unserer Vorfahren kannte keine Grenzen!

1. Mai

Der »Maiewii« oder »Maitrunk« scheint im 9. Jahrhundert eine bereits bedeutende Rolle gespielt zu haben. Er soll damals schon gegen den Zorn Gottes und gegen die böse Schwiegermutter geholfen haben. Gebraut wird er aus Waldmeister, Wein und Zucker (Rezept siehe S. 121). Alle Kräuterbücher des 16. Jahrhunderts erwähnen dieses Getränk; Hieronymus Bock erklärt, es sei besonders gesund für Herz und Leber. Die Waldmeisterblüten müssen allerdings unmittelbar bevor sie aufgehen, gepflückt werden. Nach dem Volksglauben rührt die therapeutische Kraft des Waldmeisters daher, daß die Blüten sternförmig sind und den Morgentau in sich bergen.

Der Martinstag

Der Martinstag bietet Anlaß zum Martinsschmaus.
Damit wird das Ende der Erntezeit gefeiert. Man dankt Gott für den reichen Segen und bittet ihn, es im kom-

Keramik aus Soufflenheim

menden Jahr genauso großzügig oder besser zu machen. Und man bereitet sich auf die ruhigere, besinnlichere Winterzeit vor, in der mehr häusliche Arbeiten anfallen werden. Schon unter Karl dem Großen war der Martinstag aber auch der Stichtag für die Rückzahlung alter Schulden und Zinsen, meist in Naturalien. Bei dieser Gelegenheit wurden die Bauern und Pächter von ihren Herren bewirtet. Häufig wurden bei dieser Gelegenheit auch die Arbeitsverträge der Landarbeiter, Diener und Hausangestellten verlängert. Da im Elsaß das gute Essen und feierliche Tafeln stets sehr beliebt waren, war der Martinstag ein Grund mehr zu fröhlichen Gelagen: Zum Martinsschmaus wird eine Gans geschlachtet (Rezept S. 76), und der neue Wein wird probiert.

Kirchweih: »Kilb«, »Kirwe« und »Messti«

Wie in vielen anderen Regionen Frankreichs ist die Tradition der Kirchweih in den elsässischen Dörfern noch sehr lebendig. Sicher hat sich ihre Funktion verschoben, seitdem die Medien in unseren westlichen Gesellschaften eine so übermächtige Rolle spielen. Auch in den Dörfern hat sich das gesellschaftliche Gefüge verändert, das Bedürfnis, den Erfahrungshorizont zu erweitern, wird nicht mehr ausschließlich bei Zusammenkünften wie der Kirchweih befriedigt. Früher führte die »Kilb« (im Haut-Rhin) oder der »Messti« (im Bas-Rhin) regelmäßig zu großen Familientreffen. Für Sonntag lud man zum Mittagessen die ganze Verwandtschaft aus allen Nachbardörfern ein; das Fest wurde lange im voraus vorbereitet, der Schmaus war üppig und dauerte Stunden. Danach ging man tanzen – gewissermaßen zur Verdauung –, gelegentlich bis in die Nacht hinein. Auch in den Wirtshäusern des Dorfes herrschte Hochbetrieb, weil zur Feier des Tages viele Menschen aus den Nachbardörfern anreisten: Für einen Tag fielen die sozialen Schranken, Arm und Reich verlustierte sich gemeinsam auf dem Tanzboden und erfreute sich an den gleichen Dingen. Nachvollziehen läßt sich die Stimmung eines solchen Dorffestes besonders gut – einmal mehr – in Erckmann-Chatrians *Ami Fritz*: Fritz Kobus reist nach Bischem, um die geliebte Suzel wiederzusehen, die zur Kirchweih zu ihren Verwandten gefahren ist. Schon vor der Abreise, zur Steigerung der Vorfreude, trinkt er mit seinen Freunden eine Flasche Wein. In Bischem im Wirtshaus verschlingt er mit Begeisterung Aal in Senfsauce und später dann auch größere Mengen Kugelhupf. Die Eßgewohnheiten am Messti-Sonntag scheinen von Dorf zu Dorf verschieden gewesen zu sein. Was allerdings nirgendwo im Elsaß zur Kirchweih fehlen darf, ist der Kugelhupf und andere Süßigkeiten, insbesondere Lebkuchen in allerlei Formen und mit allerlei Inschriften.

Töpferei in Betschdorf

Selbst Begräbnisse werden im Elsaß – wie in vielen Regionen Europas – als Verpflichtung zu riesigen Festgelagen aufgefaßt. In meiner Erinnerung sieht es so aus, als hätte ich meine weitläufige elsässische Verwandtschaft überhaupt nur bei solchen Gelegenheiten kennengelernt. Und da dabei manchmal auch alte Familienfeindschaften ausgeräumt wurden, denke ich, daß gemeinsames Tafeln wirklich ein zivilisatorischer Akt ist. Gleich welcher Anlaß jedenfalls, ob lustig oder traurig, eines stand und steht im Elsaß fest: »Güet esse un trinke hebt Lieb un Seel zamme« – »Gut essen und trinken hält Leib und Seele zusammen.«

Nos bonnes adresses

Wer konfliktscheu ist und sich keinen Feindseligkeiten aussetzen will, sollte es vermeiden, in einem Buch wie diesem Adressen preiszugeben. Die besten Freunde entwickeln sich zu sektiererischen Furien, wenn sie entdecken, daß gerade *ihr* Lieblingsrestaurant nicht erwähnt wurde (jawohl, ich habe es erlebt). Den schlimmsten Schimpfkanonaden setzt man sich aus, wenn der zitierte Bäcker ihrer Meinung nach der falsche ist. Weist man auf einen bestimmten Fleischer hin, dann machen sie ihn garantiert runter und können sich gar nicht genug tun, seine mittelmäßigen Würstchen oder sein überteuertes Charolais-Fleisch anzuprangern.

Aber solche Konflikte halte ich aus, Christophe und Caty, der Photograph dieses Buches und seine Frau, hoffentlich auch – denn sie haben ganz wesentlich zu dem, was folgt, beigetragen. Dieses Buch soll weder ein Reise- noch ein Einkaufsführer sein. Die Adressen, die wir zusammengetragen haben, sind lediglich als kleine Anregung, als Starthilfe für Elsaß-Neulinge gedacht. Daß Christophe bei Colmar wohnt und ich in Straßburg, ist eine glückliche Fügung, denn somit ergänzen sich unsere Vorschläge.

Die Auswahl ist vollkommen subjektiv. Das einzig Objektive, was ich dazu sagen kann, ist, daß sie sich auf Geschäfte, Restaurants, Weinstuben oder Bauernhöfe bezieht, die wir *selbst* gerne aufsuchen. Nicht unbedingt, weil sie die einzigen oder die besten sind, sondern weil wir bestimmte Vorstellungen vom angenehmen Leben haben, weil wir Freude haben an den »Freundlichkeiten der Welt« und weil wir finden, daß die Menschen, die hinter den genannten Adressen stehen, dazu beitragen.

Die großen Tempel der Gastronomie, deren es im Elsaß bekanntlich besonders viele gibt (27 Michelin-Sterne sind über diese Landschaft verstreut), brauche ich, wie ich finde, nicht zu nennen. Wer das Elsaß besucht, um sich einen Abend lang von Emile Jung und seiner Frau im »Crocodile«, oder von der Familie Haeberlin in der »Auberge de l'Ill« verwöhnen zu lassen, braucht dieses Buch hier nicht als Anregung. Daß ich sie in der Folge nicht erwähne, ebensowenig wie das »Bürehiesel« in der Straßburger Orangerie, »Le Cerf« in Marlenheim, »Schillinger« in Colmar, »Aux Armes de France« in Ammerschwihr und so manche andere aus dieser Kategorie, bedeutet gewiß nicht, daß mein Mann und ich – und das gilt für Christophe und Caty genauso – solche Häuser meiden, ganz im Gegenteil. Aber ich denke, daß weniger ruhmreiche Adressen nicht so leicht zu finden sind wie eben diese.

Im übrigen sind wir dankbar für alle Tips und Hinweise, die uns die Leser zukommen lassen werden. Einige der genannten Adressen verdanke ich bereits Lesern meines früheren Buches über die Provence: Als sie von meinem Elsaß-Projekt erfuhren, haben sie mir vorsorglich ihre besonderen *Coups de cœur* mitgeteilt.

Wirtshausschild in Kaysersberg

Rezeptverzeichnis

Nos bonnes adresses

Wer konfliktscheu ist und sich keinen Feindseligkeiten aussetzen will, sollte es vermeiden, in einem Buch wie diesem Adressen preiszugeben. Die besten Freunde entwickeln sich zu sektiererischen Furien, wenn sie entdecken, daß gerade *ihr* Lieblingsrestaurant nicht erwähnt wurde (jawohl, ich habe es erlebt). Den schlimmsten Schimpfkanonaden setzt man sich aus, wenn der zitierte Bäcker ihrer Meinung nach der falsche ist. Weist man auf einen bestimmten Fleischer hin, dann machen sie ihn garantiert runter und können sich gar nicht genug tun, seine mittelmäßigen Würstchen oder sein überteuertes Charolais-Fleisch anzuprangern.

Aber solche Konflikte halte ich aus, Christophe und Caty, der Photograph dieses Buches und seine Frau, hoffentlich auch – denn sie haben ganz wesentlich zu dem, was folgt, beigetragen. Dieses Buch soll weder ein Reise- noch ein Einkaufsführer sein. Die Adressen, die wir zusammengetragen haben, sind lediglich als kleine Anregung, als Starthilfe für Elsaß-Neulinge gedacht. Daß Christophe bei Colmar wohnt und ich in Straßburg, ist eine glückliche Fügung, denn somit ergänzen sich unsere Vorschläge.

Die Auswahl ist vollkommen subjektiv. Das einzig Objektive, was ich dazu sagen kann, ist, daß sie sich auf Geschäfte, Restaurants, Weinstuben oder Bauernhöfe bezieht, die wir *selbst* gerne aufsuchen. Nicht unbedingt, weil sie die einzigen oder die besten sind, sondern weil wir bestimmte Vorstellungen vom angenehmen Leben haben, weil wir Freude haben an den »Freundlichkeiten der Welt« und weil wir finden, daß die Menschen, die hinter den genannten Adressen stehen, dazu beitragen.

Die großen Tempel der Gastronomie, deren es im Elsaß bekanntlich besonders viele gibt (27 Michelin-Sterne sind über diese Landschaft verstreut), brauche ich, wie ich finde, nicht zu nennen. Wer das Elsaß besucht, um sich einen Abend lang von Emile Jung und seiner Frau im »Crocodile«, oder von der Familie Haeberlin in der »Auberge de l'Ill« verwöhnen zu lassen, braucht dieses Buch hier nicht als Anregung. Daß ich sie in der Folge nicht erwähne, ebensowenig wie das »Bürehiesel« in der Straßburger Orangerie, »Le Cerf« in Marlenheim, »Schillinger« in Colmar, »Aux Armes de France« in Ammerschwihr und so manche andere aus dieser Kategorie, bedeutet gewiß nicht, daß mein Mann und ich – und das gilt für Christophe und Caty genauso – solche Häuser meiden, ganz im Gegenteil. Aber ich denke, daß weniger ruhmreiche Adressen nicht so leicht zu finden sind wie eben diese.

Im übrigen sind wir dankbar für alle Tips und Hinweise, die uns die Leser zukommen lassen werden. Einige der genannten Adressen verdanke ich bereits Lesern meines früheren Buches über die Provence: Als sie von meinem Elsaß-Projekt erfuhren, haben sie mir vorsorglich ihre besonderen *Coups de cœur* mitgeteilt.

Wirtshausschild in Kaysersberg

(30 verschiedene Biersorten vom Faß, über 1000 Biersorten aus aller Welt, davon 500 im Ladenverkauf.)

BRASSERIE O'NEIL
22, rue des Veaux
67000 Strasbourg
Telephon 88 36 12 13
Fax 88 24 24 05

SPELTEOR
Moulin des Moines
67170 Krautwiller
Telephon 88 51 13 56
Fax 88 51 00 18
(Es handelt sich hier um eine Dinkelmühle, die auch Dinkelbier brauen läßt. Kein Ausschank.)

Eaux de vie:

JEAN-PAUL METTÉ
9, rue des Tanneurs
68150 Ribeauvillé
Telephon 89 73 65 88
Fax 89 73 30 11

DISTILLERIE NEUHAUSER
Les Quelles – La Broque
67130 Schirmeck
(mit Restaurant und Hotel)
Telephon 88 97 06 81

DISTILLERIE NUSBAUMER
23, Grand Rue
67220 Steige
Telephon 88 57 16 53
Fax 88 57 05 79

Bäckereien – Konditoreien:

BOULANGERIE LÉON ECKERT
91, rue Boecklin
67000 Strasbourg-Robertsau
Telephon 88 31 05 56
(Viele Brotsorten, Sauerteigbrot – keine »Modebäckerei«, schlichter kleiner Vorortladen!)

MAURICE FERBER
Rue des Trois-Epis
68230 Niedermorschwihr
Telephon 89 27 05 69
(pâtés en croûte)

BOULANGERIE DANIEL HELMSTETTER
13, rue des Serruriers
68000 Colmar
Telephon 89 41 27 78
(Unzählige Brotvariationen! Helmstetter ist der Herold des elsässischen Brotes in aller Welt: Unlängst bildete er japanische Bäcker aus.)

BOULANGERIE PHILIPPE HILBRUNNER
90, rue du Logelbach
68000 Colmar
Telephon 89 79 12 38
(Alle Brotsorten werden ausschließlich mit Sauerteig hergestellt.)

MAURICE KOOS
5, place Saint-Joseph
68000 Colmar
Telephon 89 79 05 05
(Christophes Lieblingssauerteigbrot)

BOULANGERIE SCHOLLER
10, Place Broglie
67000 Strasbourg
Telephon 88 32 39 09
(Biobrot, unzählige Brotsorten. In dieser Verkaufsstelle werden auch weitere Bioprodukte angeboten, was den unvergleichlichen Duft nach frischem Brot leider zugunsten von weniger attraktivem Reformhausgeruch verdrängt! Man kann natürlich auch in die echte Bäckerei Scholler nach Ittlenheim fahren.)
12, rue de la Felsch
67370 Ittlenheim
Telephon 88 69 92 78

Bier und Brauereien:

CAVE GAMBRINUS
7, rue Gay Lussac
68100 Mulhouse
Telephon 89 66 17 03

Chocolatiers, Konditoreien:

CHRISTIAN
12, rue de l'Outre
67000 Strasbourg
Telephon 88 32 04 41
Auch Salon de thé:
10, rue Mercière
67000 Strasbourg
Telephon 88 22 12 70

FRANÇOIS GILLMANN
20, quai des Bateliers
67000 Strasbourg
Telephon 88 36 47 05
und
6, place du Temple-Neuf
67000 Strasbourg
Telephon 88 22 10 88

JACQUES
50, avenue d'Altkirch
68100 Mulhouse
Telephon 89 44 27 32

Confitures:

CHRISTINE FERBER
Rue des Trois-Epis
68230 Niedermorschwihr
Telephon 89 27 05 69

Fisch:

ADRIEN VONARB
8, rue de Mittelhardt
68740 Balgau
Telephon 89 48 62 71
(Der letzte Berufsfischer des Haut-Rhin verkauft natürlich nur Süßwasserfisch.)

Foie gras:

ARTZNER, production et vente de foies gras
(Feyel-Artzner)
Rue Jean-Pierre Clause
67306 Schiltigheim
Telephon 88 19 20 00
Ladengeschäft / Verkaufsstelle:
ARSO
7, rue de la Mésange
67000 Strasbourg
Telephon 88 32 05 00

JEAN et ANNICK GEISTEL
151, rue de la Poste
67120 Duttlenheim
Telephon 88 50 70 64
(Direktverkauf)

PETTY PETERSCHMITT
Rheinfelderhof
68140 Rustenhardt
Telephon 89 48 61 88
(Direktverkauf und kleiner Landgasthof)

FOIES GRAS JEAN LUTZ
5, rue du Chaudron
67000 Strasbourg
Telephon 88 32 00 64

Käse und Milchprodukte:

BERNARD ANTONY
Maître-fromager de la guilde Saint-Uguzon
»Sundgauer Käskaller« und »Sundgauer Kässtuwa«
17, rue de la Montagne
68480 Vieux-Ferrette
Telephon 89 40 42 22
(Verkauf und Dégustation)

LA CLOCHE À FROMAGE
27, rue des Tonneliers
67000 Strasbourg
Telephon 88 23 13 19
(Käserestaurant)

LAITERIE DU CLIMONT
M. et Mme Haessig
67420 Saales
Telephon 88 97 73 14
(Der beste Joghurt im ganzen Elsaß!)

Linge de table – Tischwäsche:

Association ARTS ET COLLECTIONS d'ALSACE
B.P. / Postfach 627
68009 Colmar
Telephon 89 22 68 03
(Repliken alter Museumsstücke; kein Direktverkauf, nur Versandhandel.)

BEAUVILLÉ
Manufacture d'impression sur étoffes (M.I.E.)
(Fabrikverkauf)
68150 Ribeauvillé
Telephon 89 73 74 74
(Stoffdruck nach alten Mustern, mit Holzmodeln aus dem 17. und 18. Jahrhundert; auch zeitgenössisches Stoff-Design!)

Les marchés – Märkte:

OBERNAI
Jeden Donnerstag vormittag auf dem großen Parkplatz vor der Halle aux Blés (Kornmarkt)

STRASSBURG
Marché Rohan
Bauernmarkt (Direktverkauf)
Jeden Samstag vormittag
Place du Vieux-Marché-aux-Poissons

Marché de la Marne
Jeden Dienstag und Samstag vormittag
Boulevard de la Marne

Marché Broglie
Jeden Mittwoch und Freitag von 7.00 bis 16.00 Uhr
Place Broglie

COLMAR
Marché Saint-Joseph
Jeden Samstag vormittag
Place Saint-Joseph

Grand Marché
Jeden Dienstag und Donnerstag Place du Marché-aux-Fruits

GUEBWILLER
Oberer Markt
Jeden Dienstag vormittag
Um die Eglise Saint-Léger

Unterer Markt
Jeden Freitag vormittag
Place de la Liberté

MULHOUSE
Marché du Canal Couvert
Dienstag, Donnerstag und Samstag vormittag
Au Canal Couvert

MUNSTER
Jeden Dienstag und Samstag vormittag
Place du Marché

Metzgereien – Traiteurs:

FRICK-LUTZ
16, rue des Orfèvres
67000 Strasbourg
Telephon 88 32 60 60
(Eine der ältesten Charcuteries von Strasbourg: seit 1830 in der »Goldschmiedgaß«.)

KIRN TRAITEUR
19, rue du 22 Novembre
67000 Strasbourg
Telephon 88 32 16 10
(Hier gibt es auch ein sehr angenehmes Tagesrestaurant, das den Vorzug bietet, daß man die sehr guten Produkte des Hauses Kirn zu jeder Tageszeit vor Ort essen kann.)

KLEIN TRAITEUR
28, boulevard d'Anvers
67000 Strasbourg
Telephon 88 61 16 10

BOUCHERIE LANG
Rue de la Liberté
68280 Sundhofen
Telephon 89 71 40 42

BOUCHERIE PIERRE SANDROCK
4, Grand Rue
67620 Soufflenheim
Telephon 88 86 61 54
(Die beste Adresse für Söjmawe- und Grumbeerewurscht-Liebhaber!)

BOUCHERIE SIGMANN
44, rue de la République
68040 Ingersheim
Telephon 89 27 01 75

Restaurants im Bas-Rhin:

AU COQ BLANC
Lucien Ennesser
9, rue Mélanie
67000 Strasbourg-Robertsau
Telephon 88 41 87 77
Fax 88 31 61 82
Ruhetag: Sonntag abend und Montag
(Relativ neues »Vorstadtlokal« mit sehr hübscher Terrasse im Sommer.)

AU PONT DES VOSGES
15, quai Koch
67000 Strasbourg
Telephon 88 36 47 75
Ruhetag: Samstag mittag und Sonntag
(Frühere Studentenkneipe. Wurde 1992 von Annie Voegel, der ehemaligen Inhaberin der Winstub Ysehuet übernommen und ist seitdem heillos ausgebucht. Rechtzeitig reservieren lohnt!)

L'AMI SCHUTZ
1, rue des Ponts-Couverts
67000 Strasbourg
Telephon 88 32 76 98
Kein Ruhetag
(In diesem Haus wird gern und gar köstlich mit Bier gekocht.)

LE LOEJELGUCKER
Lucien Ennesser
17, rue Principale
67310 Traenheim
Telephon 88 50 38 19
Fax 88 50 50 49
Ruhetage: Montag und Dienstag, außer an Feiertagen

LE PONT AUX CHATS
Inhaberin: Agnès Osowiecki
Am Herd: Roger Aeschelmann
42, rue de la Krutenau
67000 Strasbourg
Telephon 88 24 08 77
Ruhetage: Samstag mittag, Sonntag den ganzen Tag und Montag mittag
(Hübscher Innenhof mit Terrasse. Der freundliche Empfang entspricht der lebensfrohen Küche.)

Restaurants im Haut-Rhin:

AUBERGE PAYSANNE
Charles Litzler
24, rue de Wolschwiller
68480 Lutter
Telephon 89 40 71 67
(Spargelspezialitäten. Auch Hotel mit rustikalen Zimmern.)

AUBERGE RELAIS
58, route de Rouffach
68500 Issenheim
Telephon 89 76 86 68
Ruhetag: Sonntag abend und Montag

AUBERGE SCHUPFEREN
Christophe Kuhlmann
68140 Stosswihr
Telephon 89 77 31 23
Ruhetag: Montag abend und Dienstag

AU CHEVAL BLANC
J.-C. Ispa
1, rue Bisel
68640 Feldbach
Telephon 89 25 81 86
(Carpe frite)
Ruhetag: Dienstag abend und Mittwoch

CAFÉ VILLE DE PARIS
(Für die Colmarer heißt das Lokal *Pariser Stuewel*)
Gilbert Brenner
4, Place Jeanne d'Arc
68000 Colmar
Telephon 89 41 42 33
Nur abends. Ruhetag: Dienstag

LA GRANGELIÈRE
M. et Mme Finkbeiner
59, rue du Rempart Sud
68420 Eguisheim
Telephon 89 23 00 30
(boudin de truite)
Täglich geöffnet von 12.00 bis 14.00 und ab 18.00 Uhr

LA PETITE PALETTE
16, rue de Bâle
68600 Neuf-Brisach
Telephon 89 72 73 50
Montag und Dienstag nur mittags geöffnet; an den übrigen Tagen mittags und abends ab 18.00 Uhr

LE PFIFFERHUS
14, Grand Rue
68150 Ribeauvillé
Telephon 89 73 31 23
Ruhetag: Mittwoch und Donnerstag

LES DEUX CLEFS
Melle A. Enderlin
218, rue Hennin Blenner
68480 Moernach
Telephon 89 40 80 56
Ruhetag: Donnerstag und Freitag mittag
(Auch Hotel mit rustikalen Zimmern.)

RESTAURANT HAUT-RIBEAUPIERRE
François Reibel
68150 Ribeauvillé
Telephon 89 73 62 64
Ruhetag: Dienstag mittag und Mittwoch

Spargel:

COOPERATIVE DES PLANTEURS D'ASPERGES
5, rue de Plugriesheim
67450 Lampertheim
Telephon 88 20 17 14

RÉMY WAGNER
10, rue des Vosges
68630 Bennwihr
Telephon 89 49 03 94

Tarte flambée:

A l'AIGLE
M. und Mme Roth
22, rue Principale
67370 Pfulgriesheim
Telephon 88 20 17 80
Ruhetage: Sonntag und Montag
Nur abends ab 18.00 Uhr
(Hier wird der Flammekueche tatsächlich noch in einem echten, alten Holzofen gebacken. Eines der ersten Restaurants, die sich in den frühen sechziger Jahren dafür eingesetzt haben, daß der Flammekueche wiederentdeckt wurde.)

AU CHEVAL NOIR
1, rue Principale
67450 Lampertheim
Telephon 88 20 07 59
Ruhetage: Montag und Mittwoch abend

D'STEINMUEHL
M. Jenner
7, rue de Mundolsheim
67450 Lampertheim
Telephon 88 81 88 91
Ruhetage: Montag abend, Dienstag, Samstag mittag

LA COUR DES CHASSEURS
47, faubourg Cap d'Alençon
67610 La Wantzenau
Telephon 88 96 24 83
Ruhetag: Montag

LE LANDHOF
27, rue Principale
67170 Olwisheim
Telephon 88 69 56 66
(Gleicher Besitzer wie der Osthof. Ebenfalls schöne Terrasse. Nur abends; montags und dienstags geschlossen.)

L'OSTHOF
7, rue du Général de Gaulle
67550 Eckwersheim
Telephon 88 69 55 94
(In einem alten Bauernhof des 18. Jahrhunderts. Schön begrünter Innenhof mit vielen Tischen. Nur abends; mittwochs und donnerstags geschlossen.)

Töpfereien:

POTERIE BURGER
15, Grand-rue
67660 Betschdorf
Telephon 88 54 42 58

POTERIE
IGNACE FRIEDMANN
3, rue de Haguenau
67620 Soufflenheim
Telephon 88 86 61 21

ROBERT HAUSSER
24, rue de la Paix
67770 Sessenheim
Telephon 88 86 96 19
Verkaufsstelle in Soufflenheim:
24, Grand-rue
67620 Soufflenheim
Telephon 88 86 71 86

POTERIE LUDWIG
5, rue des Potiers
67620 Soufflenheim
Telephon 88 86 60 24

Weinhandlung:

MESSER
18, rue de la Nuée Bleue
67000 Strasbourg
Telephon 88 32 43 58

Weinstuben:

AU PONT CORBEAU
21, quai Saint-Nicolas
67000 Strasbourg
Telephon 88 35 60 68
Ruhetage: Samstag und Sonntag

LE CLOU
3, rue du Chaudron
67000 Strasbourg
Telephon 88 32 11 67
Ruhetage: Sonn- und Feiertage, Mittwoch mittags

MUENSCHTERSTUEWEL
Patrick Klipfel
8, place du Marché-aux-Cochons-de-Lait
67000 Strasbourg
Telephon 88 32 17 63
Ruhetage: Samstag und Sonntag

S' BUERJERSTUEWEL – CHEZ YVONNE
10, rue du Sanglier
67000 Strasbourg
Telephon 88 32 84 15
Ruhetage: Sonntag und Montag mittag
(Ein Rekord: Seit zwanzig Jahren ist dieses Lokal total »in«. »Le tout-Strasbourg« muß sich hier sehen lassen. Unbedingt reservieren!)

S' HAILICH GRAAB – LE SAINT-SÉPULCRE
Fam. Lauck
15, rue des Orfèvres
67000 Strasbourg
Telephon 88 32 39 97
Ruhetage: Samstag mittag und Sonntag
(Hier gibt es den besten Jambon en croute in einem wunderbar unverfälschten Ambiente!)

S'JUNGFERSTUEWEL
Mme und M. Oberlé
12, rue des Pucelles
67000 Strasbourg
Telephon 88 35 35 14
Ruhetage: Sonntag und Montag

STRISSEL
5, place de la Grande-Boucherie
67000 Strasbourg
Telephon 88 32 14 73
(Eine der schönsten Weinstuben in Straßburg: echt elsässisch ohne Folkore-Firlefanz.)

ZEHNERGLOCK
4, place du Vieil-Hôpital
67000 Strasbourg
Telephon 88 32 87 09
Ruhetage: Sonntag und Montag

CAVEAU MORAKOPF
Jean-Michel Guidat
7, rue des Trois-Epis
68230 Niedermorschwihr
Telephon 89 27 05 10
(fondue vigneronne)
Öffnungszeiten: Von Mai bis Oktober mit Sommergarten: 12.00 bis 14.00 Uhr und 18.30 bis 23.00 Uhr, Sonntag und Montag mittag geschlossen; von November bis 30. April: Sonntag geschlossen, abends von 18.00 bis 23.00 Uhr geöffnet.

Winzer:

1. Bas-Rhin:

JEAN HEYWANG
Jean und Hubert Heywang
7, rue Principale
67140 Heiligenstein
Telephon 88 08 91 41
(Sehr empfehlenswert: sein Klevener de Heiligenstein!)

MARC KREYDENWEISS
12, rue Deeharbe
67140 Andlau
Telephon 88 08 95 83

FRÉDÉRIC MOCHEL
56, rue Principale
67310 Traenheim
Telephon 88 50 56 19
Täglich von 9 bis 18 Uhr

GUY WACH
Domaine des Marroniers
5, rue de la Commanderie
67140 Andlau
Telephon 88 08 93 20

2. Haut-Rhin:

LÉON BEYER
2, rue de la 1e Armée Française
68420 Eguisheim
Telephon 89 41 41 05

PAUL BLANCK ET SES FILS
Domaine des Comtes de Luppen
32, Grand-Rue
68240 Kientzheim
Telephon 89 78 23 57

FAM. ANDRÉ ECKLÉ
68230 Katzenthal
Telephon 89 27 07 84

JOSMEYER
76, rue Clémenceau
68000 Wintzenheim
Telephon 89 27 01 57

GUSTAVE LORENTZ
68750 Bergheim
Telephon 89 73 63 08

MULLENBACH
Marcel et Jean-Marc Mullenbach
12, rue des Trois-Epis
68230 Niedermorschwihr
Telephon 89 27 04 13

WOLFBERGER
Cave coopérative d'Eguisheim
6, Grand-Rue
68420 Eguisheim
Telephon 89 22 20 20
Besichtigung täglich, auch Sonntag von 8.00 bis 12.00 Uhr und von 14.00 bis 18.00 Uhr

DOMAINE ZIND-HUMBRECHT
Route de Colmar
68230 Türckheim
Telephon 89 27 02 05

Bei allen Winzern empfiehlt es sich, sich vor dem Besuch telefonisch anzumelden.

Rezeptverzeichnis

Les recettes – Rezeptverzeichnis (Französisch – Elsässisch)

Alte Tabakscheune
(im Ecomusée)

Kleines elsässisches Wörterbuch zum Essen und Trinken

Die im Buch verwendeten Namen sind teils »Unter-«, teils »Oberländisch«, manchmal nenne ich auch beide. Diese gelegentlich als willkürlich erscheinende Schreibweise erklärt sich aus der Tatsache, daß ich im Unterland (Bas-Rhin) aufgewachsen bin, mein eigenes elsässisch also »unterländisch« ist, meine Familie aber aus dem Oberland stammt, wodurch viele Rezepte für mich mit oberländischen Namen verbunden sind.

Bache: backen
Bachofe: Backofen
Baeckeofekaar: große ovale Terrine aus Soufflenheimer Keramik, in der der Baeckeofe gebacken wird
BläChel: magerer Speck (*geraicherts Bläche l:* Räucherspeck)
Blämbel: schlechter Wein mit wenig Alkoholgehalt
Bretschtell: Brezel

Bübberi: schlechter oder saurer Wein
Bumbes (Aepfelbumbes): Cidre, Apfelwein
Düwak: Tabak
Freschawii: sehr wäßriger Wein, in dem sich Frösche wohlfühlen könnten.
Gänselwin: Gänsewein, ironisch für Wasser oder sehr leichten Wein.
Gaggummere: Gurke
Gallerey: Gelee, Aspik
Gerappter Käs: geriebener Käse (aus dem französischen »raper«: reiben)
Grumbeere: Kartoffeln (niederelsässisch)
G'schwellti: Pellkartoffeln
Hardäpfel: Kartoffeln (oberelsässisch)
Irdeni Kaar: Küchengefäß aus Keramik
Kaar: Küchengefäß, meist aus Keramik, manchmal auch aus Eisen oder Gußeisen
Knepfle: kleine Klöße
Knepflebriej: Brühe, in der die Klöße gegart wurden; wird oft als Grundlage für Suppe verwendet
Knewli: Knoblauch
Loyala: kleines hölzernes Faß, das sich die Winzer und Bauern an den Gürtel schnallen, um es mitzunehmen aufs Feld, gefüllt mit einem einfachen Wein (Sylvaner oder Zwicker, früher auch Gutedel)
Marlemer Vorlauf: Marlenheimer Vorlauf, ein traditionsreicher, eigentlich sehr heller Pinot noir
Nejer Sießer: Neuer Süßer, neuer Wein
Pfienderle: kleines Brot von einem Pfund
Pflütte: größere Klöße, Knödel
Pousse-café: von »pousser«, drücken, herunterdrücken, etwas, was den Kaffee herunterdrückt bzw. schiebt, also Schnaps
Risser: neuer Wein, bei dem die Gärung noch nicht abgeschlossen ist (Federweißer)
Ritscherle: kleines Trinkglas für den einfachen Wein, wird auch bei Weinproben im Keller verwendet; in Weinstuben für offene Weine
Roigebrageldi: »Rohgebratene«, Kartoffeln, die in einem gußeisernen oder irdenen Gefäß gebraten werden, meist mit Speck und Zwiebeln. (*Gebrageldi* sind normale Bratkartoffeln, aus zuvor gekochten Kartoffeln zubereitet.)
Schnetz/Schnitz: getrocknete Birnenschnitze (meist Viertel), die im Winter zu Mehlspeisen gereicht werden *(Dampfnüdle* mit *Schnetz)*
Sürkrüt: Sauerkraut
Trawere: Trabern, Tresterschnaps, Marc
üsslon: auslassen (bei Fett, z. B. Gänseschmalz)
Wasslemer Nochlauf: Nachlauf aus Wasselone (ein Ort zwischen Marlenheim und Saverne), ironisch für mit Wasser stark verdünnten Wein

Der »Loyalasüffer«, Lieblingsstatue der Colmarer (Bartholdi)

Bibliographie

1. Allgemeines:

Erckmann-Chatrian: L'ami Fritz (Roman), 1864

2. Über die Geschichte des Essens und die Eßkultur im Elsaß:

Charles Gérard: L'ancienne Alsace à table. Colmar, 1862 (zuerst von 1853 bis 1863 in Fortsetzungen in der Zeitschrift »Revue d'Alsace« erschienen)

Auguste Michel: Manuel des Amphitryons au début du XXe siècle. Strasbourg, 1904
Deutsche Ausgabe (mit etlichen Abweichungen von der französischen): Handbuch des modernen Amphitryons und Ratgeber für die Hausfrau. Schiltigheim und Straßburg, o. J.

Joseph Leffzt: Küche und Keller im alten Elsaßland (in: »Mein Elsaßland«, 2. Jahrgang, 4. Heft, April 1922)

Alfred Pfleger: Vom elsässischen Hunger und Durst (in: »Elsaßland«, 3. Jahrgang, 2. und 3. Heft, Februar und März 1923)

A. M. Burg, C. Leffzt-Sittler, L. Sittler: La tradition alsacienne. Strasbourg, 1975

Marguerite Doerflinger, Georges Klein: Toute la gastronomie alsacienne. Band 1, Wettolsheim, 1978; Band 2, Wettolsheim, 1979

François Voegeling: La gastronomie alsacienne. Strasbourg, 1979

Jean-Louis Schlienger, André Braun: Le mangeur alsacien. Histoire de l'alimentation en Alsace de la Renaissance à l'annexion. Strasbourg, 1990

3. Kochbücher (chronologisch)

[Rezepte z. T. auch oben]

Von allen Speisen und Gerichten wie man sie allerhand Art kochen soll. Straßburger Kochbuch von Platina, 1530

Jérôme Bock (Hyeronimus Bock): Kreutterbuch, 1539 (spätere Auflagen 1551, 1577, 1630)

Jérôme Bock: Teutsche Speisskammer in welcher du findest was gesunden und kranken Menschen zur Laibnahrung dient (Manuskript im Priesterseminar Straßburg), 1550

Bernhard Buchinger (Dom Bernardin): Koch-Buch, So wol für Geistliche als auch Weltliche grosse und geringe Haushaltungen, wie bey denen täglich viel Leut am füglichsten abgespeiset werden. Darinn über Achthunderterley Fleisch / Wildpret / Geflügel / Fisch / Eyer / und Garten-Speisen / auch die manier und weiß selbige zubereiten / Neben andern nutzlichen Haushaltung-Stücklein / zu finden und begriffen seynd / Durch einen geistlichen Kuchen-Meister des Gotteshauses Lützel beschrieben und practicirt. Molßheimb, Gedruckt bey Johann-Heinrich Staubhaar im Jahre 1671
(vermutlich) Marguerite Spoerlin, geborene Baumgartner: Oberrheinisches Kochbuch zum Nutzen für junge Hausmütter und Töchter, die in der Kunst zu kochen und einzumachen einige Geschicklichkeit erlangen wollen. Gedruckt in Mühlhausen, 1811
Französische Ausgabe: La cuisinière du Haut-Rhin, à l'usage des ménagères et des jeunes personnes qui désirent acquérir les connaissances indispensables à une maîtresse de maison, dans l'art de la cuisine, des pâtisseries et des confitures. Suivi d'une instruction pour apprêter une nourriture saine aux malades, Mulhouse, 1842

Joseph Koscher mit Antoine Diss, Francis Hinault und Charles Euler: Les recettes de la table alsacienne. (Dieses Kochbuch wurde zum neuen Standardwerk der elsässischen Küche, insofern als einige Gemeinden, z. B. Mühlhausen, es allen Brautpaaren zur Hochzeit auf dem Standesamt schenkten.) Strasbourg, 1969
Deutsche Ausgabe 1970: Die Elsässischen Küchenrezepte

Irène Kohler: La cuisine alsacienne, Paris, 1974

Pierre Gaertner und Robert Frédéric: La cuisine alsacienne, Paris, 1979

Josiane Syren: La cuisine alsacienne traditionelle, Colmar, 1986

Simone Morgenthaler, Ernest Wieser, Louis Fortmann: Les meilleures recettes d'Alsace, Strasbourg, 1992

4. Zum elsässischen Wein

Jean Hugel: Tradition und Charakter – Der Wein aus dem Elsaß – Seine Bedeutung für die feine Küche und seine Geschichte.
Von Jan Hügel, Weinbauer in der 12. Generation, Strasbourg, 1971

Kulinarische Reiseskizzen

Landschaftsbildbände für Lebenskünstler. Zum Blättern und Nachkochen, zum Hinschauen und Genießen.

Erhältlich im Buchhandel. Ausführliche Informationen vom Verlag.

Authentische Rezepte, die direkt von der Bäuerin, vom Winzer oder Fischer, Landgasthof oder Schäfer stammen. Liebenswerte Berichte über Land, Leute und Lokalitäten mit vielen Tips für Provence-Reisende. 238 Seiten mit rund 160 Farbfotos. Geschenkband im Großformat.

Eine kulinarische Neuentdeckung von exotischem Reiz: Bodenständige Rezepte von Fischern und Bauern, Spezialitäten wie die köstlichen „Mojos“ und der legendäte „Gofio“, landschaftliche Besonderheiten, Feste und Traditionen der „glücklichen Inseln“. 120 Seiten mit rund 70 Farbfotos.

Die schönsten Rezepte aus dem kulinarischen Dreiländer-Eck: Tessin, Piemont und Lombardei. Ursprüngliche oberitalienische Küche, meisterhaft fotografiert, stimmungsvolle Landschaftsaufnahmen vom See und unberührten Bergtälern. 120 Seiten mit rund 70 Farbfotos.

Ein Standardwerk zum Thema Champagner. In unvergleichlicher Weise erzählt der bekannte Autor in Wort und Bild alles, was es zu Champagner zu sagen gibt. Von Gert von Paczensky. Fotos von Jürgen D. Schmidt, Aquarelle und Zeichnungen von Jean-Pierre Haeberlin.

Lebensfreude und faszinierende Landschaften, Sherry und Wein, Gazpacho, Zarzuela, Tapas und Paella – eine genußvolle Reise durch Spanien mit typischen Rezepten und Bräuchen. Großformatiger Bildband mit 288 Seiten und 220 Farbfotos. In Leinen gebunden.

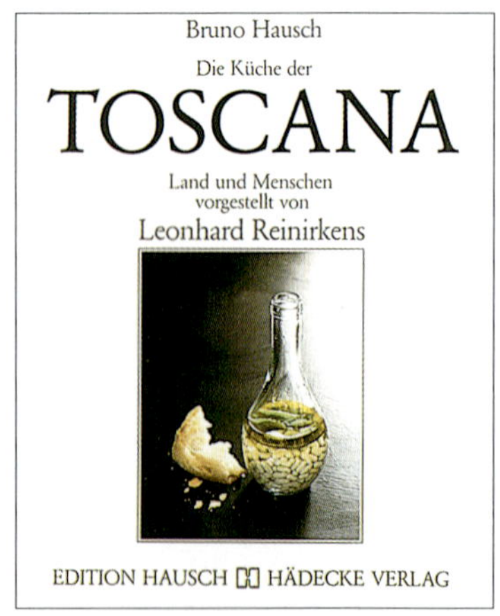

Unverfälschte bäuerliche Küche der Toscana mit allem, was das Land an Schönheit und Köstlichkeiten zu bieten hat. Meisterhafte Rezept-, Landschafts- und Portraitaufnahmen, sachkundige Beschreibungen und Tips für Restaurants und Weingüter. Bildband mit 218 Seiten und rund 100 Fotos.

HÄDECKE VERLAG
Postfach 1203
D-71256 Weil der Stadt